»La presente per comunicarVi...«

Einführung in
Wortschatz und Grammatik
der italienischen
Handelskorrespondenz

Lehrbuch/Arbeitsheft

4. Auflage

Verfasserin
Francesca Farinella

Hinweis: Ein **Lösungsheft** ist unter dem gleichen Haupttitel erschienen.

ISBN 978-3-88264-645-0

FELDHAUS VERLAG GmbH & Co. KG
Postfach 73 02 40
22122 Hamburg
Telefon +49 40 679430-0
Fax +49 40 67943030
post@feldhaus-verlag.de
www.feldhaus-verlag.de

Satz und Gestaltung: FELDHAUS VERLAG, Hamburg
Umschlaggestaltung: Gerhart Kotrade
Druck und Verarbeitung: WERTDRUCK, Hamburg

Bibliografische Informationen der Deutschen Nationalbibliothek
Die Deutsche Nationalbibliothek verzeichnet diese Publikation in der Deutschen Nationalbibliografie; detaillierte bibliografische Daten sind im Internet über http://dnb.d-nb.de abrufbar.

Vorwort

»La presente per comunicarVi...« ist ein Arbeitsbuch, das den Grundwortschatz und die wesentlichen grammatischen Strukturen der italienischen Handelskorrespondenz vermittelt. Es soll nicht die bekannten und bewährten »Handelskorrespondenzen« ersetzen, die gefestigte Kenntnisse der italienischen Sprache voraussetzen.

»La presente per comunicarVi...« wendet sich vor allem an Lernende, die über keine oder geringe Vorkenntnisse der italienischen Grammatik verfügen und erfüllt die allgemeinen Anforderungen der Außenhandelsschule Hamburg.

Dem Fortgeschrittenen und allen, die Italienisch ohne eine grammatikalische Grundlage – z. B. im Urlaub – gelernt haben, bietet das Buch die Möglichkeit, die italienische Grammatik systematisch zu wiederholen oder zu lernen und sich den Sprachgebrauch der Handelskorrespondenz anzueignen.

»La presente per comunicarVi...« umfasst drei Teile. Teil 1 enthält die Darstellung der Grammatik, Vokabellisten, Einsatz- und Übersetzungsübungen. Teil 2 bietet tabellarische Übersichten zur Konjugation der unregelmäßigen Verben, zum Verb und seiner Ergänzung sowie zu den gebräuchlichsten Präpositionen und Adverbien und andere praktische Übersichten. Teil 3 besteht aus einem deutsch-italienischen Wörterverzeichnis.

Alle Lösungen und Übersetzungen werden direkt in das Buch eingetragen und dort auch korrigiert. Der Lehrstoff sowie Aufgaben, Lösungen und Korrekturen bleiben beisammen, sodass der Lernprozess zur Wiederholung, zur Prüfungsvorbereitung und auch bei späterer Praxisanwendung immer wieder leicht nachvollzogen werden kann.

Zwei Hinweise: Zur Vereinfachung wird häufig nur die männliche Form verwendet, gemeint sind aber selbstverständlich immer alle Geschlechter. Im Italienischen werden sehr häufig englische Ausdrücke verwendet (z. B. IBAN, App, PDF, Homepage), obwohl auch italienische Begriffe existieren.

Ich danke der Berufsschule für den Außenhandel, insbesondere den Herren Bosenick und Stein, dem Italienischen Kulturinstitut Hamburg und der Universität Hamburg für die Unterstützung und für das Material, das zur Verfügung gestellt wurde.

Diese vierte Auflage wurde gründlich durchgesehen.

Francesca Farinella

Abkürzungen (Handelskorrespondenz)

all.	allegato / i (Anlage / n)
C.C.	Camera di Commercio (Handelskammer)
c. / c.p.	conto corrente postale (Postscheckkonto)
c&f	costo e nolo
C.ia	compagnia
cif	costo assicurazione e nolo
c.m., corr.	corrente mese (d. Monat)
c.p.	casella postale (Postfach)
€	Euro
Egr. Sig. Rossi	Egregio Signor Rossi
Egr. Sigg.	Egregi Signori
fob	franco a bordo
for	franco su rotaia
fow	franco sul vagone
Gent. Sig.ra	Gentile Signora
I.V.A.	Imposta sul Valore Aggiunto (Mehrwertsteuer)
n., no.	numero
n/ o/	nostro ordine
ns.	nostro
p.p.	per procura (per Prokura)
p.v.	prossimo venturo
n / rif.to	nostro riferimento (unser Zeichen)
Sig.	Signore
Sigg.	Signori
Sig.ra	Signora
S.p.A.	Società per Azioni (Aktiengesellschaft)
spett.	spettabile
u.s.	ultimo scorso (vergangenen M.)
V / o /	Vostro ordine
V / rif.to	Vostro riferimento (Ihr Zeichen)
Vs.	Vostro

Abkürzungen (Grammatik)

Adj.	Adjektiv
Adv.	Adverb
Anm.	Anmerkung
etw.	etwas (qcosa, qualcosa)
f.	feminin
Inf.	Infinitiv
jdm.	jemandem (qcuno, qualcuno)
jdn.	jemanden (qcuno, qualcuno)
Konj.	Konjunktiv
m.	maskulin
Part.	Partizip
Pl.	Plural
Präs.	Präsens
Sing.	Singular
Subst.	Substantiv

Inhaltsverzeichnis

Zur Aussprache

Die wichtigsten Ausspracheregeln

Konsonanten

c	+	**e** **i**	wie im Deutschen »tsch«. z. B.: ciclo, accettare.
c	+	**a** **o** **u**	wie im Deutschen ein »k«. z. B.: banca, concorrenza, accusare.
ch	+	**e** **i**	wie im Deutschen ein »k«. z. B.: banche, rischio.
ci	+	**a** **o** **u**	wie im Deutschen »tsch« (das »i« ist stumm). z. B.: annuncio, smerciare.
g	+	**e** **i**	wie im Deutschen »dsch« (Dschungel, im Englischen John). z. B.: oggi, oggetto.
g	+	**a** **o** **u**	wie im Deutschen »g«. z. B.: Agata, catalogo, eseguire.
gh	+	**e** **i**	wie im Deutschen »g«. z. B.: pagherò, cataloghi.
gi	+	**a** **o** **u**	wie im Deutschen »dsch« (das »i« ist stumm). z. B.: Gianna, giorno, giusto.
gl			etwa wie im Deutschen »lj«. z. B.: migliore, sbagliarsi.
gn			etwa wie im Deutschen »nj«. z. B.: signore, ogni.
h			ist stumm.
q			immer in der Verbindung »qu+Vokal«. Wie im Deutschen »ku...« z. B.: quasi, questo.
r			Zungen-r.

sc + **e** / **i**	wie im Deutschen »sch«. z. B.: rincrescere, conosci.
sci + **a** / **o** / **u**	wie im Deutschen »sch« (das »i« ist stumm) z. B.: conosciamo, sciopero, conosciuto.
v	wie im Deutschen »w«. z. B.: vero, avviso.
bb, cc, tt, vv:	Doppelkonsonanten kräftiger, länger gesprochen.

Vokale

a, e, i, o, u:	Die Vokale sehr klar und deutlich gesprochen.
eu, ei, au, oi etc.:	Vokalverbindungen getrennt gesprochen. z. B.: Europa, lei, cliente, pausa, noi.

Die Betonung

Im Allgemeinen liegt die Betonung **auf der zweitletzten Silbe:**

itali**a**no, sign**o**re, ted**e**sco

Wörter, die die Betonung **auf der letzten Silbe** haben, tragen einen obligatorischen **Akzent:**

caff**è**, qualit**à**, quantit**à**.

1 Das Substantiv – Der unbestimmte und der bestimmte Artikel

1.1 Das Substantiv

Das Italienische kennt nur **zwei Geschlechter** der Substantive.

Substantive auf **... o:**	in der Regel **maskulin** (männlich) (catalogo, credito)
Substantive auf **... a:**	in der Regel **feminin** (weiblich) (domanda, offerta)
Substantive auf **... e:**	entweder **maskulin** (signore, importatore – Herr, Importeur) oder **feminin*** (merce, condizione – Ware, Bedingung)

* Wörter auf -ione sind in der Regel weiblich.

Der Plural der Substantive:

Substantive auf ... o und auf ... e bilden den Plural auf ... i:

credito – crediti
signore – signori
condizione – condizioni
merce – merci

Substantive auf ... a bilden den Plural auf ... e:

offerta – offerte
domanda – domande

Zusammengesetzte Substantive werden oft nach folgendem Muster gebildet:

Versand — anzeige
avviso di spedizione

1.2 Der unbestimmte Artikel

maskulin (männlich)	**feminin** (weiblich)
un (ein)	**una** (eine)
Aber: uno vor z oder s + Konsonant (uno zero, uno sconto)	**Aber: un'** vor Vokal (un'offerta, ein Angebot)

1.3 Der bestimmte Artikel

maskulin (männlich)

	Singular (Einzahl)	**Plural** (Mehrzahl)
	il (der)	**i** (die)
Aber: vor z oder s + Konsonant	**lo** lo zero lo sconto	**gli** gli zeri gli sconti
und: vor Vokal	**l'** l'articolo	**gli** gli articoli

feminin (weiblich)

Singular (Einzahl)	**Plural** (Mehrzahl)
la (die)	**le** (die)

Achtung: Das »a« von »la« wird elidiert, wenn das folgende Substantiv mit einem Vokal beginnt.
Beispiel: l'offerta (das Angebot).

Vokabeln

Maskuline Substantive:

Adresse	**l' indirizzo**
Anzeige	**l' annuncio (Pl. gli annunci), l'avviso**
Artikel	**l' articolo**
Auftrag	**l' ordine**
Beschwerde	**il reclamo**
Exporteur	**l' esportatore**
Fabrikant	**il fabbricante**
Geschäft	**l' affare**
Importeur	**l' importatore**
Katalog	**il catalogo (Pl. i cataloghi)**
Käufer	**il compratore**
Kredit	**il credito**
Kunde	**il cliente**
Lager	**il deposito, il magazzino**
Lieferant	**il fornitore**
Menge	**il quantitativo**
Muster	**il campione**
Preis	**il prezzo**
Preisliste	**il listino(-prezzi)**
Rabatt	**il ribasso**
Sendung	**l' invio (Pl. gli invii)**
Skonto	**lo sconto**
Verkäufer	**il venditore**
Vertreter	**il rappresentante**
Zahlung (Bezahlung)	**il pagamento**

Feminine Substantive:

Anfrage	**la domanda**
Angebot	**l' offerta**
Angelegenheit	**la faccenda, la questione**
Anweisung	**l' istruzione**
Bank	**la banca (Pl. le banche)**
Bedingung	**la condizione**
Bestellung	**l' ordinazione**
Brief	**la lettera**
Export	**l' esportazione**
Firma	**la ditta**
Import	**l' importazione**
Konkurrenz	**la concorrenza**
Lieferung	**la consegna, la fornitura**
Menge	**la quantità (Pl. le quantità)**
Qualität	**la qualità (Pl. le qualità)**
Rechnung	**la fattura**
Versand	**la spedizione**
Ware	**la merce**

Zusammengesetzte Substantive:

Versandanweisung	**l'istruzione di spedizione**
Versandanzeige	**l'avviso di spedizione**
Konossement	**la polizza di carico**

Übungen

Die folgenden Substantive sind mit dem bestimmten und dem unbestimmten Artikel zu versehen:

1. ______________ / ______________ esportatore
2. ______________ / ______________ ditta
3. ______________ / ______________ prezzo
4. ______________ / ______________ spedizione
5. ______________ / ______________ offerta
6. ______________ / ______________ cliente
7. ______________ / ______________ sconto
8. ______________ / ______________ fattura
9. ______________ / ______________ pagamento
10. ______________ / ______________ qualità
11. ______________ / ______________ indirizzo
12. ______________ / ______________ fattura
13. ______________ / ______________ annuncio
14. ______________ / ______________ compratore
15. ______________ / ______________ affare

Bilden Sie die Pluralform:

1. il venditore ______________
2. il fabbricante ______________
3. il reclamo ______________
4. la ditta ______________
5. la consegna ______________
6. il compratore ______________
7. l'indirizzo ______________
8. l'offerta ______________
9. il prezzo ______________
10. lo sconto ______________
11. il campione ______________
12. il catalogo ______________
13. il ribasso ______________
14. l'annuncio ______________
15. la spedizione ______________
16. l'esportazione ______________
17. la qualità ______________
18. la merce ______________
19. il pagamento ______________
20. il cliente ______________

2 Das Präsens der Verben »essere« und »avere«

Die Verben (Zeitwörter) essere (sein) und avere (haben) werden im Präsens wie folgt konjugiert (gebeugt):

		essere				avere	
ich	bin	io	**sono**	ich	habe	io	**ho**
du	bist	tu	**sei**	du	hast	tu	**hai**
er	ist	lui	**è**	er	hat	lui	**ha**
sie	ist	lei	**è**	sie	hat	lei	**ha**
wir	sind	noi	**siamo**	wir	haben	noi	**abbiamo**
ihr	seid	voi	**siete**	ihr	habt	voi	**avete**
sie	sind	loro	**sono**	sie	haben	loro	**hanno**

Das **Personalpronomen** wird gewöhnlich weggelassen:

Beispiel: Abbiamo un'offerta (wir haben ein Angebot).

Die **Anredeform:** Anrede an eine Person: (Lei) è, ha;
an mehrere Personen: (Voi) siete, avete (oder, sehr formell, Loro sono, hanno).
In Geschäftsbriefen: (Voi) siete, avete.

Vokabeln

Herr Rossi	**il signor (sig.) Rossi**
Frau Rossi	**la signora (sig.ra) Rossi**
in Deutschland	**in Germania**
in Italien	**in Italia**
in Mailand	**a Milano**

Übungen

Bilden Sie die entsprechenden Pluralformen:

Il cliente ha il campione – **I** clienti hanno **i** campioni

1. Io ho il listino. ______
2. Lei ha l'ordine. ______
3. Il fabbricante ha il catalogo. ______
4. Tu hai l'offerta. ______
5. Il venditore ha un cliente a Milano. ______
6. La ditta ha un magazzino a Milano. ______
7. Io ho l'ordinazione. ______
8. Tu hai il reclamo. ______
9. L'esportatore ha l'articolo. ______
10. Il rappresentante ha l'offerta. ______

Setzen Sie die entsprechenden Verbformen ein:

1. Noi ______ il catalogo.
(avere)
2. Tu ______ il rappresentante.
(essere)
3. Noi ______ l'indirizzo.
(avere)
4. I venditori ______ in Germania.
(essere)
5. Io ______ la fattura.
(avere)
6. Noi ______ i clienti.
(essere)
7. La merce ______ a Milano.
(essere)
8. La signora Rossi ______ un magazzino a Milano.
(avere)
9. Voi ______ la fattura.
(avere)
10. Il sig. Bianchi ______ il fabbricante.
(essere)
11. I clienti ______ i campioni.
(avere)
12. Io ______ il fornitore.
(essere)
13. Tu ______ una lettera.
(avere)

Übersetzen Sie:

1. Wir sind die Firma Rossi.

______

2. Er ist ein Kunde.

______

3. Wir haben die Konossemente.

______

4. Er hat die Waren.

______

5. Die Adresse ist ...

6. Sie (2. Plural) haben die Rechnung.

7. Die Waren sind in Mailand.

8. Die Preise sind ...

9. Ich bin der Vertreter.

10. Sie haben eine Rechnung.

11. Die Rabatte sind ...

12. Wir haben ein Lager.

13. Wir haben Aufträge.

14. Ich habe die Muster.

15. Der Kunde hat die Preisliste.

16. Der Exporteur hat Kunden in Deutschland.

17. Die Bedingungen sind ...

18. Der Verkäufer hat die Versandanzeige.

19. Sie sind in Italien.

20. Er ist Herr Rossi.

21. Sie ist Frau Rossi.

3 Das Präsens der Verben auf »... are«

Alle Verben bestehen im Infinitiv (Grundform) aus einem Infinitivstamm und einer Infinitivendung. Im Italienischen gibt es drei Infinitivendungen.

Verb =	**Infinitivstamm**	+	**Infinitivendung**
comprare (kaufen)	compr	+	**are**
vendere (verkaufen)	vend	+	**ere**
aprire (öffnen)	apr	+	**ire**

Die Konjugation der regelmäßigen Verben auf »**... are**«:

			Infinitiv-stamm	Präsens-endung
compr**are**	io		compr	**o**
	tu		compr	**i**
	lui		compr	**a**
	lei	(Lei)	compra	**a**
	noi		compr	**iamo**
	voi	(Voi)	compr	**ate**
	loro		compr	**ano**

Achtung: Vor »i« ist die Aussprache von c und g bei Verben auf -care und -gare immer (k) und (g): Deshalb wird vor »i« immer »ch« und »gh« geschrieben.

Beispiele: mancare (fehlen) und pagare (bezahlen)

manco	manc**h**iamo	pago	pag**h**iamo
manc**h**i	mancate	pag**h**i	pagate
manca	mancano	paga	pagano

Vokabeln

Akkreditiv	**il credito (documentario), la lettera di credito**	gewähren	**accordare**
annehmen	**accettare**	hier	**qua / qui**
beachten	**osservare**	importieren	**importare**
Bedarf	**il fabbisogno**	kaufen	**acquistare, comprare**
bestätigen (Empfang)	**accusare ricevuta di**	prüfen	**esaminare**
bezahlen	**pagare**	Rechnungsbetrag	**l'importo della fattura**
ermäßigen	**abbassare, ribassare**	schicken / senden	**mandare / inviare**
erteilen (Auftrag)	**passare**	versichern	**assicurare**
exportieren	**esportare**	Versicherung	**l'assicurazione**
fehlen	**mancare**	vornehmen (Lieferung, Zahlung)	**effettuare (una consegna, un pagamento)**
geben	**dare**		

Übungen

Setzen Sie die entsprechende Verbform ein:

1. La cliente ______________________ la fattura.
   (pagare)
2. Tu ______________________ la merce.
   (comprare)
3. Noi ______________________ il catalogo.
   (esaminare)
4. Io ______________________ un credito.
   (accordare)
5. I clienti ______________________ il pagamento.
   (effettuare)
6. Il fabbricante ______________________ il prezzo.
   (ribassare)
7. Voi ______________________ la merce.
   (assicurare)
8. Noi ______________________ gli articoli.
   (comprare)
9. Io ______________________ le condizioni.
   (accettare)
10. I venditori ______________________ le merci.
    (inviare)
11. La banca ______________________ il credito.
    (accordare)
12. Il cliente ______________________ le condizioni.
    (accettare)
13. Noi ______________________ ricevuta di . . .
    (accusare)
14. Noi ______________________ la fattura.
    (pagare)
15. Voi ______________________ la consegna.
    (effettuare)
16. Tu ______________________ la fattura.
    (pagare)
17. Voi ______________________ il prezzo.
    (accettare)
18. I clienti ______________________ l'offerta.
    (esaminare)
19. Io ______________________ l'articolo.
    (importare)
20. La ditta Rossi ______________________ la merce.
    (assicurare)

Übersetzen Sie:

1. Wir erteilen einen Auftrag.
   ____
2. Die Exporteure exportieren die Ware.
   ____
3. Der Kunde schickt den Brief.
   ____
4. Wir schicken die Preisliste.
   ____
5. Wir gewähren einen Kredit.
   ____
6. Ich sende die Waren.
   ____
7. Wir bestätigen den Empfang ...
   ____
8. Ich akzeptiere die Bedingungen.
   ____
9. Die Kunden bezahlen die Rechnungen.
   ____
10. Wir bezahlen die Rechnung.
    ____

11. Die Verkäufer schicken die Ware.

12. Die Kunden kaufen Ware.

13. Er erteilt Aufträge.

14. Wir nehmen die Lieferung vor.

15. Die Bank gewährt den Kredit.

16. Die Kunden prüfen die Angebote.

17. Wir beachten die Versandanweisung.

18. Wir verschicken die Waren.

19. Sie (2. Pl.) bezahlen die Rechnungen.

20. Wir prüfen die Angebote.

21. Die Banken gewähren die Kredite.

22. Der Kunde schickt den Brief.

23. Ich exportiere die Waren.

24. Wir prüfen das Angebot.

25. Die Kunden akzeptieren die Bedingungen.

26. Der Fabrikant schickt die Muster.

4 Die Verneinung – Das Präsens der Verben auf »...ere«

4.1 Die Verneinung

Die wichtigsten **Verneinungsadverbien** (Adverb = Umstandwort) sind:

non ...	(nicht)
non ... ancora	(noch nicht)
non ... mai	(nie, niemals)
non ... più	(nicht mehr)

Das »non« steht immer vor dem konjugierten Verb; der zweite Teil des Verneinungsadverbs steht gewöhnlich nach dem konjugierten Verb.

Beispiele: (Noi) non abbiamo la merce.
(Noi) non abbiamo ancora la merce.
(Loro) non hanno più la merce.
(Loro) non pagano mai la fattura.

Das deutsche »kein« wird gewöhnlich nur durch »non« + Verb ausgedrückt: non abbiamo articoli.

4.2 Das Präsens der Verben auf »...ere« lautet:

Vendere	io	vend**o**	noi	vend**iamo**
(verkaufen)	tu	vend**i**	Voi/voi	vend**ete**
	Lei/lei/lui	vend**e**	loro	vend**ono**

Vokabeln

Antwort	**la risposta**
antworten (auf)	**rispondere (a)**
erwarten	**aspettare, attendere**
gewähren	**concedere**
herstellen	**fabbricare**
sehen	**vedere**
verkaufen	**vendere**
warten	**aspettare, attendere**

Übungen

Formen Sie die Sätze nach den Beispielen um:

Attendiamo la risposta. (nicht mehr) – Non attendiamo più la risposta.
Passano l'ordine. (noch nicht) – Non passano ancora l'ordine.

1. Ho la merce. (noch nicht)

____

2. Passiamo l'ordine. (nicht mehr)

____

3. Loro rispondono. (nie)

____

4. Voi pagate l'importo della fattura. (noch nicht)

____

5. Tu attendi una risposta. (nicht mehr)

____

6. Gli esportatori inviano la merce. (noch nicht)

____

7. Il sig. Rossi è il rappresentante. (nicht mehr)

____

8. Voi accettate le condizioni. (nie)

____

9. Loro hanno la fattura. (noch nicht)

____

10. La banca accorda il credito. (nicht mehr)

____

Setzen Sie die entsprechende Verbform ein:

1. Noi _______________ il rappresentante.
(attendere)

2. Voi non _______________ .
(rispondere)

3. La banca _______________ il credito.
(concedere)

4. Loro _______________ gli articoli.
(vendere)

5. Noi non _______________ iù questo articolo.
(vendere)

6. Il rappresentante _______________ il sig. Rossi.
(vedere)

7. Voi _______________ una risposta.
(attendere)

8. La ditta _______________ un ribasso.
(concedere)

Übersetzen Sie:

1. Der Kunde akzeptiert die Bedingungen nicht.

____

2. Wir haben die Versandanzeige noch nicht.

____

3. Wir exportieren den Artikel nicht mehr.

____

4. Wir erwarten eine Antwort.

____

5. Die Bank gewährt den Kredit nicht.

____

6. Wir kaufen den Artikel nicht.

____

7. Der Kunde nimmt die Bedingungen nicht mehr an.

____

8. Er ist nicht mehr in Hamburg (Amburgo).

____

9. Ich erwarte Aufträge.

____

10. Wir haben die Sendung noch nicht.

____

11. Der Kunde antwortet nicht.

____

12. Der Kunde bezahlt nie die Rechnungen.

____

13. Die Kunden kaufen den Artikel nicht mehr.

____

14. Die Firma bezahlt die Rechnung nicht.

____

5 Das Adjektiv – Das Präsens der Verben auf »...ire«

5.1 Die Formen des Adjektivs (Eigenschaftswort) lauten:

	maskulin	feminin	maskulin und feminin
Singular	piccol**o**	piccol**a**	grand**e**
Plural	piccol**i**	piccol**e**	grand**i**

Das Adjektiv richtet sich in Geschlecht und Zahl nach dem Substantiv oder Pronomen, auf das es sich bezieht, gleichgültig, ob es **attributiv** (beifügend) oder **prädikativ** (Teil des Hilfsverbs essere) gebraucht wird.

Beispiel: Un prezzo alto. (attributiv) Il prezzo è alto. (prädikativ)

Stellung des Adjektivs:
Das attributive Adjektiv steht meist **nach** dem Substantiv. Adjektive wie molto (viel), poco (wenig), tutto (all, ganz), adjektivisch gebrauchte Ordnungszahlen sowie mezzo (halb) stehen vor dem Substantiv.

5.2 Das Präsens der Verben auf -ire lautet:

Offrire (anbieten)		
	io	offr **o**
	tu	offr **i**
	Lei/ lei/ lui	offr **e**
	noi	offr **iamo**
	Voi / voi	offr **ite**
	loro	offr **ono**

Achtung: Viele Verben auf -ire haben im Singular und in der 3. Person Plural -isc- vor der Endung.

spedire (schicken)	Singular	Plural
	io sped isc**o**	noi sped**iamo**
	tu sped isc**i**	Voi / voi sped**ite**
	Lei / lei / lui sped isc**e**	loro sped isc**ono**

Ebenso: trasferire (überweisen), conferire (erteilen).

Achtung: Bei allen regelmäßigen Verben (auf -are, -ere, -ire) ist die 3. Person Plural wie die 3. Person Singular betont:

lui	c**o**mpra	loro	c**o**mprano
lui	v**e**nde	loro	v**e**ndono
lui	**o**ffre	loro	**o**ffrono
lui	sped**i**sce	loro	sped**i**scono

Merken Sie bitte: Die Befehlsformen der 1. und 2. Person Plural sind gleich der des Indikativs:

Beispiele: Mandate la lettera! / Non mandate la lettera! Spediamo la merce! / Non spediamo la merce!

Vokabeln

all	**tutto**
anbieten	**offrire**
angenehm	**gradevole, piacevole**
ausführen (Auftrag)	**eseguire (io eseguo / io eseguisco)**
ausgezeichnet	**ottimo**
außergewöhnlich	**eccezionale, straordinario**
bedeutend	**importante**
das ist	**è**
das sind	**sono**
decken	**coprire**
deutsch	**tedesco, tedeschi, tedesca, tedesche***
dieser	**questo**
ermäßigen	**diminuire (io diminuisco)**
erster	**primo**
Erstauftrag	**il primo ordine**
erteilen	**conferire (io conferisco)**
(sich) freuen	**essere lieto di, essere soddisfatto di**
groß	**grande**
günstig	**conveniente, favorevole**
gut	**buono****
halb	**mezzo**
hoch	**alto**
interessant	**interessante**
italienisch	**italiano**
klein	**piccolo**
konkurrenzfähig	**competitivo, concorrenziale**
letzte/r	**passato, scorso**
letzte/r, (neueste/r)	**l'ultimo (l'ultimo catalogo)**
neu	**nuovo**
niedrig	**basso**
öffnen	**aprire**
(ver-)schicken (senden)	**spedire (io spedisco)**
schlecht	**cattivo, scadente**
sehr	**molto**
Sonder-	**speciale**
stark	**forte**
überweisen	**trasferire (io trasferisco)**
unangenehm	**sgradevole, spiacevole**
viel	**molto**
vorige(r)	**passato, scorso**
vorteilhaft	**vantaggioso**
wenig	**poco (Pl. pochi, poche)**
wichtig	**importante**
zahlreich	**numeroso**
zu (sehr) (Adv.)	**troppo**
zufrieden mit	**contento di, lieto di, soddisfatto di**
zu viel	**troppo**

* Bei vielen Substantiven und Adjektiven auf -co und -go und auf -ca und -ga wird vor dem »i« und dem »e« der Pluralendung ein »h« geschrieben (s. Ausspracheregel): banca – banche; tedesco – tedeschi; catalogo – cataloghi.

** Im Singular maskulin vor Konsonant oder Vokal: buon (z. B.: buon ribasso; buon affare).

Übungen

Bilden Sie Sätze nach dem Muster:

prezzo / favorevole – E' un prezzo favorevole.

1. offerta / vantaggioso

___

2. ordine / importante

___

3. catalogo / interessante

___

4. qualità / buono

___

5. condizione / favorevole

___

6. ordine / primo

___

7. qualità / ottimo

___

8. prezzo / alto

___

9. catalogo / nuovo

10. offerta / concorrenziale

11. annuncio / importante

12. magazzino / piccolo

13. cliente / italiano

14. ordine / eccezionale

15. lettera / spiacevole

Bilden Sie Sätze nach dem Muster:

prezzo / alto – Questi sono prezzi alti./Questi prezzi sono alti.

1. catalogo / interessante

2. ribasso / conveniente

3. lettera / importante

4. prezzo / basso

5. offerta / speciale

6. ordinazione / eccezionale

7. cliente / tedesco

8. ditta / italiano

9. condizione / vantaggioso

10. offerta / concorrenziale

Setzen Sie die entsprechende Verbform ein:

1. Noi ______________________ l'ordine.
   (eseguire)
2. Gli esportatori ______________________ la merce.
   (spedire)
3. La banca non ______________________ il credito.
   (accordare)
4. I clienti ______________________ la fattura.
   (pagare)
5. Voi ______________________ gli articoli.
   (vendere)
6. Tu ______________________ una risposta.
   (attendere)
7. Noi non ______________________ questo articolo.
   (fabbricare)
8. Voi ______________________ l'importo della fattura.
   (trasferire)
9. Il cliente ______________________ l'ordine.
   (conferire)
10. Il fabbricante ______________________ la merce.
    (offrire)
11. L'esportatore ______________________ la lettera.
    (spedire)
12. Noi ______________________ gli articoli.
    (spedire)
13. Tu ______________________ l'importo della fattura.
    (pagare)
14. Voi ______________________ gli articoli in Germania.
    (esportare)

Übersetzen Sie:

1. Die Preise sind günstig.

____

2. Die Bedingungen sind nicht günstig.

____

3. Die Konkurrenz ist sehr stark.

____

4. Die Qualität ist nicht gut.

____

5. Die Angebote sind günstig.

____

6. Wir erteilen einen Erstauftrag.

____

7. Wir schicken die neuen Kataloge.

____

8. Wir schicken den neuen Auftrag.

____

9. Wir haben ein großes Lager.

____

10. Die Beschwerden sind sehr unangenehm.

____

11. Die Preise sind zu hoch.

____

12. Das ist ein sehr günstiges Angebot.

____

13. Ich erteile einen neuen Auftrag.

14. Wir gewähren Sonderrabatte.

15. Die Preise sind sehr niedrig.

16. Wir freuen uns ...

17. Wir haben einen neuen Auftrag.

18. Das Angebot ist interessant.

19. Die Preise sind nicht konkurrenzfähig.

20. Wir schicken den neuesten Katalog.

21. Die Qualität ist schlecht.

22. Die Bedingungen sind sehr gut.

23. Wir prüfen die neuen Angebote.

24. Er bezahlt die letzte Rechnung nicht.

25. Wir führen die neue Lieferung aus.

26. Das Lager in Mailand ist nicht sehr groß.

27. Die Annonce ist interessant.

28. Das ist ein guter Kunde.

29. Wir akzeptieren die Sonderbedingungen.

30. Der letzte Katalog ist sehr interessant.

31. Ich schicke ein sehr günstiges Angebot.

32. Die Bank gewährt einen bedeutenden Kredit.

33. Ich führe den Auftrag nicht aus.

34. Wir überweisen den Rechnungsbetrag noch nicht.

35. Der Fabrikant bietet die Ware an.

36. Wir eröffnen das Akkreditiv.

37. Wir überweisen den Rechnungsbetrag.

38. Der Kunde überweist den Rechnungsbetrag.

39. Ich führe den Auftrag aus.

40. Ich biete die Ware an.

6 Die Deklination des Substantivs

Die vier Fälle der **Deklination** (Beugung) heißen:

1. Fall: **Nominativ** (Nom.) 2. Fall: **Genitiv** (Gen.)
3. Fall: **Dativ** (Dat.) 4. Fall: **Akkusativ** (Akk.)

Maskuline Substantive

	Singular		Plural	
Nom.	il cliente	(der Kunde)	i clienti	(die Kunden)
Gen.	del cliente	(des Kunden)	dei clienti	(der Kunden)
Dat.	al cliente	(dem Kunden)	ai clienti	(den Kunden)
Akk.	il cliente	(den Kunden)	i clienti	(die Kunden)

Achtung: »del« entstand aus »di + il«
»dei« entstand aus »di + i«
»al« entstand aus »a + il«
»ai« entstand aus »a + i«

Aber: **dello** sconto (di + lo); **degli** sconti (di + gli)
allo sconto (a + lo); **agli** sconti (a + gli)

dell'articolo (di + l'); **degli** articoli (di + gli)
all' articolo (a + l'); **agli** articoli (a + gli).

Feminine Substantive

	Singular		Plural	
Nom.	la ditta	(die Firma)	le ditte	(die Firmen)
Gen.	della ditta	(der Firma)	delle ditte	(der Firmen)
Dat.	alla ditta	(der Firma)	alle ditte	(den Firmen)
Akk.	la ditta	(die Firma)	le ditte	(die Firmen)

Achtung: »della« entstand aus di + la
»delle« entstand aus di + le
»alla« entstand aus a + la
»alle« entstand aus a + le

Aber: Im Singular wird das »a« elidiert, wenn das folgende Substantiv mit einem Vokal beginnt.
Nom. l'offerta
Gen. dell'offerta
Dat. all'offerta
Akk. l'offerta

Die Wortstellung im Aussagesatz
Die regelmäßige Wortstellung ist in der Regel: (Subjekt) – Prädikat – direktes Objekt (Akk.) – indirektes Objekt (Dat.)

Beispiel: (Voi) mandate la fattura al compratore

Vokabeln

annehmbar	**accettabile**
arbeiten	**lavorare**
besser	**migliore**
Branche	**il ramo, il settore**
brauchen	**avere bisogno di**
(wir brauchen Kataloge)	**(abbiamo bisogno di cataloghi)**
(wir brauchen **die** Kataloge)	**(abbiamo bisogno dei cataloghi)**
einige	**alcuni, alcune; qualche (+ Sing.): alcuni campioni, qualche campione; alcune lettere, qualche lettera;**
entsprechen (einer Sache)	**corrispondere a**
jener (der dort)	**quello***
Lager (auf Lager haben)	**il deposito, il magazzino (avere in deposito / in magazzino / in stock)**
lang	**lungo (Pl. lunghi, lunghe)**
Lieferfrist	**il termine di consegna**
liefern	**consegnare, fornire**
mehrere	**parecchi, parecchie; più (f. und m.)**
Preis, z. e. Preis anbieten	**offrire a un prezzo**
Prozent (%), (5 %)	**per cento (%), (il 5 %)**
Ruf	**la fama, la reputazione**
so schnell wie möglich	**il più presto possibile**
schon	**già**
seit Langem	**da molto (tempo)**
unannehmbar	**inaccettabile**

* Siehe Anmerkung 1

Übungen

Bilden Sie Sätze mit einem Genitivattribut nach folgendem Muster:

Le condizioni sono favorevoli. (concorrenza) – Le condizioni della concorrenza sono favorevoli.

1. L'indirizzo è Via Piave n.11, 20136 Milano. (importatore)

____

2. I prezzi sono alti. (concorrenza)

____

3. Effettuo il pagamento. (fattura)

____

4. La qualità è buona. (merce)

____

5. Le condizioni sono accettabili. (clienti)

____

6. Noi accettiamo il prezzo. (fabbricante)

____

7. Accusiamo ricevuta. (lettera)

____

8. L'esportatore effettua la consegna. (merce)

____

9. Il prezzo è troppo alto. (articolo)

____

10. Le condizioni sono inaccettabili. (fornitori)

____

11. La qualità è buona. (articoli)

____

12. Le condizioni sono convenienti. (esportatore)

____

13. L'offerta è interessante. (venditore)

14. La qualità è buona. (campioni)

15. Siamo soddisfatti. (sconto)

Bilden Sie Sätze mit einem Dativobjekt nach folgendem Muster:

Inviamo la lettera. (cliente) – Inviamo la lettera al cliente.

1. Noi spediamo i campioni. (ditta)
2. Il fornitore invia le fatture. (compratori)
3. La banca accorda un credito. (venditore)
4. Il cliente invia alcune lettere. (esportatori)
5. Passo un ordine. (ditta Rossi)
6. Mandiamo alcuni cataloghi. (clienti)
7. Il fornitore offre gli articoli. (importatori)
8. Il cliente invia una domanda. (esportatore)
9. Il fabbricante accorda uno sconto. (compratore)
10. Mandiamo un'offerta. (clienti)
11. Forniamo le merci. (esportatore)
12. Inviamo cataloghi. (ditte)
13. Offriamo le merci. (compratori)
14. Io invio una lettera. (banca)
15. Spediscono alcuni campioni. (ditte)

Übersetzen Sie:

1. Wir schicken dem Kunden einige Muster.

2. Die Bedingungen der Konkurrenz sind besser.

3. Die Qualität der Ware ist sehr gut.

4. Der Kunde überweist den Rechnungsbetrag an (a/su) die Bank des Verkäufers.

5. Die Beschwerden der Kunden sind unangenehm.

6. Ich nehme die Bedingungen des Angebotes an.

7. Die Adresse der Firma ist ...

8. Wir gewähren dem Kunden einen Rabatt von 5%.

9. Die Preise der Konkurrenz sind sehr günstig.

10. Wir schicken dem Kunden die Ware.

11. Die Kunden erteilen der Firma bedeutende Aufträge.

12. Wir bestätigen den Empfang des Briefes.

13. Ich nehme die Bezahlung der Rechnung vor.

14. Wir nehmen die Lieferung der Waren vor.

15. Der Fabrikant schickt dem Kunden die letzten Preislisten.

16. Wir benötigen die Ware so schnell wie möglich.

17. Die Preise der Artikel sind zu hoch.

18. Wir schicken dem Kunden mehrere Kataloge.

19. Die Adresse der Bank ist ...

20. Die Lieferanten schicken die Waren an die Adressen der Kunden.

21. Der Lieferant bietet dem Kunden die Ware an.

22. Wir bieten dem Kunden die Artikel an.

23. Ich schicke der Bank den Brief.

24. Der Käufer gibt (dà) dem Hersteller Anweisungen.

25. Wir schicken dem Kunden die Versandanzeige.

26. Die Bedingungen des Herstellers sind annehmbar.

27. Die Bedingungen der Verkäufer sind unannehmbar.

28. Wir schicken dem Kunden ein sehr günstiges Angebot.

29. Der Importeur erteilt dem Exporteur einen Erstauftrag.

30. Der Käufer akzeptiert die Bedingungen der Bank nicht.

7 Der Teilungsartikel – Die artikulierten Präpositionen

7.1 Der Teilungsartikel

Um eine unbestimmte Menge oder eine unbestimmte Anzahl anzugeben, verzichtet man im Deutschen auf den Gebrauch eines Artikels: Ich kaufe Wein, ich schicke Kataloge.

Im Italienischen verwendet man in solchen Fällen oft den Teilungsartikel: das heißt »di« + den bestimmten Artikel.

Form des Teilungsartikels:

	Zur Angabe einer **unbestimmten Menge:**
maskulin	del, dello, dell'
feminin	della, dell'

	Zur Angabe einer **unbestimmten Anzahl:**
maskulin	dei, degli
feminin	delle

Der **Gebrauch des Teilungsartikels** ist oft fakultativ:

Wir sind Importeure – Siamo importatori
Siamo degli importatori

Er wird meist im Plural gebraucht, wenn man eine unbestimmte Menge ausdrücklich bezeichnen will und wenn die Substantive von einem Adjektiv begleitet sind (Sono degli articoli eccellenti).

Der Teilungsartikel entfällt:

1. In negativen Sätzen: Non abbiamo problemi. (Wir haben keine Probleme.)
2. Nach Mengenangaben (abbastanza – genügend, molto – viel, quanto – wieviel, poco – wenig, tanto – viel / so viel, troppo – zu viel etc.): Passano pochi ordini. (Sie erteilen wenige Aufträge.)
3. Meist bei Aufzählungen: Dobbiamo mandare campioni, listini e cataloghi. (Wir müssen Muster, Preisliste und Kataloge schicken.)
4. Meist nach Präpositionen: senza problemi (ohne Probleme)

Anstelle des Teilungsartikels wird oft »un po'« (Abkürzung von un poco) verwendet.
Mit Substantiven, die eine Menge oder ein Maß bezeichnen, verwendet man nur die Präposition di:

una cassa di ...	eine Kiste ...
un barile di ...	ein Fass ...
una tonnellata di ...	eine Tonne ...
un chilo di ...	ein Kilo ...
un sacco di ...	ein Sack ...

Beispiel: Importiamo 50 sacchi di caffè. (Wir importieren 50 Sack Kaffee.)

7.2 Die artikulierten Präpositionen

Wie »a« (an, zu / Dativ) und »di« (von / Genitiv) verschmelzen auch »da« (aus, von / Herkunft; zu, bei / Person), »in« (in) und »su« (auf) mit dem bestimmten Artikel (vgl. im Deutschen: von + dem = vom; in + das = ins etc.).

Maskulin	**Singular**				**Plural**	
		il	lo	l'	i	gli
	a	**al**	**allo**	**all'**	**ai**	**agli**
	da	**dal**	**dallo**	**dall'**	**dai**	**dagli**
	di	**del**	**dello**	**dell'**	**dei**	**degli**
	in	**nel**	**nello**	**nell'**	**nei**	**negli**
	su	**sul**	**sullo**	**sull'**	**sui**	**sugli**

Feminin	**Singular**			**Plural**
		la	l'	le
	a	**alla**	**all'**	**alle**
	da	**dalla**	**dall'**	**dalle**
	di	**della**	**dell'**	**delle**
	in	**nella**	**nell'**	**nelle**
	su	**sulla**	**sull'**	**sulle**

Achtung: »Con« (mit) wird nur noch selten mit dem Artikel verschmolzen:
con il rappresentante – col rappresentante.

Vokabeln

Ankauf	**l'acquisto**
Ausführung (Auftrag)	**l'esecuzione (f.) (dell'ordine)**
beenden	**finire di fare (io finisco)**
bekommen	**ricevere**
Bundesrepublik Deutschland (BRD)	**la Repubblica Federale tedesca (RFT)**
Büro	**l'ufficio**
das bedeutet, dass ...	**ciò / questo significa che ...**
das heißt	**cioè, vale a dire**
Datum	**la data**
Fass	**il barile**
folgen	**seguire**
Frankreich	**la Francia**
Frist	**la scadenza, il termine**
genügend (+ Subst.)	**abbastanza**
gestern	**ieri**
gleich	**subito**
Indien	**India**
Kaffee	**il caffè**
Kilo	**il chilo**
Kiste	**la cassa**
Messe	**la fiera**
mitteilen	**informare qcuno di qcosa**
Nummer	**il numero**
Problem	**il problema (Pl. i problemi)**
Sack	**il sacco**
schwierig	**difficile**
Stunde	**l'ora**
Tee	**il tè**
Tonne	**la tonnellata**
Vereinigte Staaten	**gli Stati Uniti**
Wein	**il vino**
wissen	**sapere***

* sapere

so	sappiamo
sai	sapete
sa	sanno

Übungen

Setzen Sie die artikulierten Präpositionen ein:

Il sig. Rossi è il rappresentante ... ditta Billi. (di) – Il sig. Rossi è il rappresentante **della** ditta Billi.

1. Il sig. Rossi è ____________ Stati Uniti. (in)
2. Siamo soddisfatti ____________ qualità. (di)
3. Le merci sono ____________ magazzini. (in)
4. La lettera è ____________ catalogo. (su)
5. Il rappresentante è ______ ufficio ______ sig. Perini. (in, di)
6. Aspettiamo il fabbricante ____________ Stati Uniti. (da)
7. Spediamo i cataloghi ____________ listini. (con)
8. Abbiamo bisogno ____________ articolo n. 12 / 35. (di)
9. Importiamo vini ____________ Italia. (da)
10. Esportiamo caffè ____________ Repubblica Federale Tedesca. (in)
11. Il fornitore è ____________ compratore. (con)
12. Il rappresentante è ____________ importatore. (da)
13. Riceviamo ordini importanti ____________ compratori tedeschi. (da)
14. Lavoriamo ____________ rappresentante. (con)
15. Attendiamo ______ compratori la risposta ______ nuove condizioni. (da, con)
16. Aspettiamo un credito ____________ banca. (da)
17. Paghiamo ______ banca ______ fabbricante. (su/di)

Übersetzen Sie:

1. Die Kunden haben Probleme mit diesem Artikel.

____

2. Wir benötigen 20 Sack Kaffee.

____

3. Wir importieren Tee aus Indien.

____

4. Wir haben Kunden in Deutschland.

____

5. Der Fabrikant schickt dem Kunden interessante Kataloge.

____

6. Die Firma Maico hat Vertreter in der BRD und in Frankreich.

____

7. Sie bekommen Muster und Kataloge.

____

8. Er arbeitet seit Langem in der Branche des Wein-Imports.

____

9. Die Preise der Artikel sind zu hoch.

____

10. Wir bieten ausgezeichnete Artikel an.

____

11. Der Lieferant wartet im Büro.

12. In dieser Branche ist die Konkurrenz sehr stark.

13. Wir sind mit der Qualität dieser Artikel nicht zufrieden.

14. Sie müssen (deve/devono/dovete) günstige Bedingungen anbieten.

15. Sie können (possono/potete/può) bedeutende Aufträge erteilen.

16. Mit den Artikeln x und y haben wir Probleme.

17. Der Hersteller bekommt Beschwerden vom Käufer.

18. Der Kunde erteilt Aufträge.

19. Diese sind konkurrenzfähige Bedingungen.

20. Diese sind nicht konkurrenzfähige Bedingungen.

8 Das Possessivpronomen

Das Possessivpronomen (besitzanzeigendes Fürwort) richtet sich nach dem Bezugswort.

Die Formen des Possesivpronomens lauten:

Personalpronomen	Singular			Plural		
io	il	**mio**	(mein)	i	**miei**	(meine)
	la	**mia**	(meine)	le	**mie**	(meine)
tu	il	**tuo**	(dein)	i	**tuoi**	(deine)
	la	**tua**	(deine)	le	**tue**	(deine)
lui	il	**suo**	(sein)	i	**suoi**	(seine)
	la	**sua**	(sein)	le	**sue**	(seine)
lei	il	**suo**	(ihr)	i	**suoi**	(ihre)
	la	**sua**	(ihre)	le	**sue**	(ihre)
noi	il	**nostro**	(unser)	i	**nostri**	(unsere)
	la	**nostra**	(unsere)	le	**nostre**	(unsere)
voi	il	**vostro**	(euer)	i	**vostri**	(eure)
	la	**vostra**	(eure)	le	**vostre**	(eure)
loro	il	**loro**	(ihr)	i	**loro**	(ihre)
	la	**loro**	(ihre)	le	**loro**	(ihre)

Für die **Deklination** gelten die Regeln nach Kapitel 6 (al mio cliente, alla nostra ditta, dei suoi cataloghi, della sua banca).

Achtung:

1. Das Possessivpronomen hat in der Regel den Artikel bei sich: La sua lettera / i loro cataloghi
   La nostra offerta / il mio ordine

2. Das Italienische macht keinen Unterschied zwischen (Herr Rossi und) **seine** Firma und (Frau Rossi und) ihre Firma.
   Beides heißt: **la sua** ditta

3. »**loro**« ist unveränderlich.

4. Das deutsche »Ihr« lautet im Italienischen:
   il Suo, la Sua, i Suoi, le Sue (zu einer Person)
   il Vostro, la Vostra, i Vostri, le Vostre (zu mehreren Personen und in der Handelskorrespondenz).

Konjugation der unregelmäßigen Verben:

dovere (müssen, sollen)

io	devo	noi	dobbiamo
tu	devi	voi	dovete
lui	deve	loro	devono

potere (können, dürfen)

io	posso	noi	possiamo
tu	puoi	voi	potete
lui	può	loro	possono

volere (wollen)

io	voglio	noi	vogliamo
tu	vuoi	voi	volete
lui	vuole	loro	vogliono

Introdurre (einführen) **und alle Verben auf -urre:**

io	introduco	noi	introduciamo
tu	Introduci	voi	introducete
lui	introduce	loro	introducono

Vokabeln

ändern	**cambiare, modificare**
bereit sein, zu tun	**essere disposto a fare, essere pronto a fare**
bleiben	**restare**
einführen, auf den Markt bringen	**immettere, introdurre (nel mercato)**
dürfen	**potere**
erhöhen auf	**aumentare di**
ermäßigen um	**ridurre di**
Geschäftsfreund	**il corrispondente**
Gunst	**il favore**
zu Ihren Gunsten	**a Vostro (Vs.) favore**
herstellen	**produrre**
hiermit	**con la presente (lettera)**
können	**potere**
Lieferbedingung	**la condizione di consegna**
Markt	**il mercato**
auf dem Markt	**nel / sul mercato**
Monat	**il mese**
der 3. des Monats	**il 3 corrente mese (Abk.: il 3 c. m., il 3 corr.)**
der 3. vergangenen Monats	**il 3 ultimo scorso (Abk.: il 3 u. s.)**
der 3. nächsten Monats	**il 3 prossimo venturo (Abk.: il 3 p.v.)**
müssen	**dovere**
nur	**solamente, solo, soltanto**
sollen	**dovere**
Sorgfalt	**l'accuratezza, la cura**
mit größter Sorgfalt	**con la massima cura, con la più grande cura**
Verkaufsbedingung	**la condizione di vendita**
Vorrat	**la scorta, lo stock**
wenn	**se**
wollen	**volere**
Zahlungsbedingung	**la condizione di pagamento**
zu diesen Bedingungen	**a queste condizioni**

Übungen

Setzen Sie die richtigen Possessivpronomen ein:

Dobbiamo aumentare il prezzo. – Dobbiamo aumentare il nostro prezzo.

1. Devo aumentare i prezzi.

___

2. Dovete ridurre il prezzo.

___

3. La ditta manda l'ordine.

___

4. I clienti passano gli ordini.

5. Il fabbricante deve ridurre il prezzo.

6. Dovete cambiare le condizioni di vendita.

7. Il fornitore deve aumentare i prezzi.

8. L'esportatore invia l'offerta.

9. I fornitori effettuano le consegne.

10. Non possiamo ridurre il prezzo.

11. Spedisci i cataloghi.

12. Devo cambiare la condizione di pagamento.

13. Inviate la domanda.

14. Pagano la fattura.

15. Le ditte importano le merci.

Übersetzen Sie:

1. Ihr Angebot ist sehr interessant.

2. Unsere Kunden kaufen nur eine Ware erster Qualität.

3. Wir schicken unserem Kunden die Ware.

4. Wir bestätigen den Empfang Ihres Briefes vom 4. d. M.

5. Wir führen Ihren Auftrag mit größter Sorgfalt aus.

6. Unsere Kunden sind mit der Qualität dieser Ware nicht sehr zufrieden.

7. Hiermit bestätigen wir den Erhalt Ihres Auftrages vom 25. letzten Monats.

8. Unsere Zahlungsbedingungen sind sehr günstig.

9. Wir eröffnen das Akkreditiv zu Ihren Gunsten.

10. Wir können Ihr Angebot nicht annehmen.

11. Die Konkurrenz ist auf unserem Markt sehr stark.

12. Wir haben die Waren. Wir sind mit ihrer Qualität zufrieden.

13. Unsere Firma arbeitet schon seit Langem in dieser Branche.

14. Ihr Angebot muss sehr günstig sein.

15. Sie müssen unsere Anweisungen beachten.

16. Wir sind bereit, Ihren Auftrag zu diesen Bedingungen auszuführen.

17. Unser Kunde ist nicht bereit, Ihre Bedingungen anzunehmen.

18. Wir können unsere Zahlungsbedingungen nicht ändern.

19. Der Fabrikant kann seine Preise nicht herabsetzen.

20. Die Lieferanten wollen ihre Preise um 3 % ermäßigen.

21. Die Konkurrenz ist bereit, ihre Lieferbedingungen zu ändern.

22. Die Lieferanten schicken ihren Kunden einige Muster.

23. Der Verkäufer muss seine Preise ermäßigen, wenn er konkurrenzfähig bleiben will.

24. Unsere Lieferanten wollen ihre Artikel auf Ihrem Markt einführen.

25. Hiermit bestätigen wir den Erhalt Ihres Schreibens vom 5. d. M.

9 Das Personalpronomen – Akkusativ (unbetonte Objektformen)

Die Formen des Personalpronomens (persönliches Fürwort) **lauten im Akkusativ:**

mi	(mich)	**ci**	(uns)
ti	(dich)	**vi / Vi**	(euch, Sie)
lo	(ihn, es)	**li**	(sie, männlich Plural)
la / La	(sie, Sie)	**le**	(sie, weiblich Plural)

Die Stellung des Personalpronomens:

1. Das Personalpronomen steht vor dem konjugierten Verb.

Beispiele:	Noi consegniamo la merce.	(Wir liefern die Ware.)
	Noi la consegniamo.	(Wir liefern sie.)
	Noi non lo sappiamo.	(Wir wissen es nicht.)

2. Das Personalpronomen wird an den Infinitiv angehängt (-ar, -er, -ir, -ur, + Personalpronomen):

spedire la lettera – spedir**la**
produrre l'articolo – produr**lo.**

Folgt dem konjugierten Verb ein Infinitiv, so steht das Personalpronomen entweder vor dem konjugierten Verb oder zusammengesetzt mit dem Infinitiv.

Beispiele:	Noi possiamo consegnare la merce	(Wir können die Ware liefern.)
	Noi **la** possiamo consegnare.	(Wir können sie liefern.)
	Noi possiamo consegnar**la.**	(Wir können sie liefern.)
	Noi vogliamo ridurre il prezzo.	(Wir wollen den Preis ermäßigen.)
	Noi **lo** vogliamo ridurre.	(Wir wollen ihn ermäßigen.)
	Noi vogliamo ridur**lo.**	(Wir wollen ihn ermäßigen.)

Achtung: »lo« und »la (La)« können elidiert werden, wenn ein vokalisch anlautendes Wort folgt:

Voi aumentate il prezzo: Voi lo aumentate / Voi l'aumentate.
Noi inviamo l'offerta: Noi la inviamo / Noi l'inviamo.

Zur betonten Form des Personalpronomens und zum Pronominaladverb siehe Anmerkung 5.

Konjugation der unregelmäßigen Verben:

fare (machen, tun)

io	faccio	noi	facciamo
tu	fai	voi	fate
lui	fa	loro	fanno

dire (sagen)

io	dico	noi	diciamo
tu	dici	voi	dite
lui	dice	loro	dicono

dare (geben)

io	do	noi	diamo
tu	dai	voi	date
lui	dà	loro	danno

Vokabeln

anbei	**in allegato,in accluso (Abk. in all.,in accl.)**
bitte (+ Inf.)	**vogliate (+ Inf.)**
(bitte schicken Sie)	**(vogliate spedire)**
bitten, jdn. etw. zu tun	**chiedere / domandare a qcuno di fare qcosa, pregare qcuno di fare qcosa**
bitten, jdn. um etw.	**chiedere / domandare qcosa a qcuno**
danken, jdm. für etwas	**ringraziare qcuno di / per qcosa**
dass	**che**
gegenwärtig	**attuale, presente**
gemäß	**secondo**
heute	**oggi**
Lasten	**il carico**
(zu Ihren Lasten)	**(a Vs. carico)**
lesen	**leggere**
Luftpost	**la posta aerea**
per Luftpost	**per posta aerea, via aerea**
machen	**fare**
ob	**se**
Post	**la posta**
mit getrennter Post	**a parte, separatamente**
mit gleicher Post	**con lo stesso giro di posta**
postwendend	**a (stretto) giro di posta, a volta di corriere**
sagen	**dire**
sicher	**certo, sicuro**
tun	**fare**
zukommen lassen	**fare arrivare, fare avere, fare pervenire**

Übungen

Ersetzen Sie das substantivische Akkusativobjekt durch das entsprechende Personalpronomen:

Eseguiamo il Vostro ordine. – Lo eseguiamo.

1. Accetto le Vostre condizioni.

____

2. Vendiamo la merce.

____

3. Il fabbricante abbassa il prezzo.

____

4. Il venditore cambia l'offerta.

____

5. I clienti passano gli ordini.

____

6. Noi non paghiamo la fattura.

____

7. Tu trasferisci l'importo della fattura.

____

8. Esportiamo questa merce.

____

9. Loro non accettano le condizioni.

____

10. La banca non accorda i crediti.

____

Setzen Sie den Infinitiv ein und ersetzen Sie das substantivische Akkusativobjekt durch das entsprechende Personalpronomen:

Noi eseguiamo il Vostro ordine. (potere) – Noi **lo** possiamo eseguire **oder** Noi possiamo **ese**guirlo.

1. Paghiamo la fattura. (dovere)

2. Compro gli articoli. (volere)

3. Loro non effettuano la consegna. (potere)

4. Voi eseguite gli ordini. (potere)

5. I venditori cambiano le loro offerte. (dovere)

6. Non importiamo più questi articoli. (volere)

7. Loro trasferiscono l'importo della fattura. (dovere)

8. Il fabbricante non ribassa il prezzo. (potere)

9. Spedisci la lettera. (volere)

10. Mando la merce all'importatore. (dovere)

Übersetzen Sie:

1. Wir bitten Sie, die Muster so schnell wie möglich zu schicken.

2. In Ihrem Brief vom 3. d. M. bitten Sie uns, Ihrem Kunden einige Muster zukommen zu lassen.

3. Wir schicken sie mit gleicher Post.

4. ... Ihre Artikel. Wir sind sicher, dass wir sie auf unserem Markt einführen können.

5. ... Ihre Ware. Ich bin sicher, dass ich sie auf unserem Markt verkaufen kann.

6. ... Ihren Auftrag. Wir führen ihn mit größter Sorgfalt aus.

7. ... unser Auftrag. Wir bitten Sie, ihn gemäß unseren Anweisungen auszuführen.

8. ... die neuesten Kataloge. Bitte schicken Sie sie postwendend.

9. ... Ihre Bedingungen. Wir können sie nicht annehmen.

10. ... die Muster. Wir schicken sie per Luftpost an die Adresse Ihres Kunden.

11. ... dieser Artikel. Unser Fabrikant stellt ihn nicht mehr her.

12. ... die Preise. Wir ermäßigen sie um 5 %.

13. ... die Preise. Wir können sie nicht ermäßigen.

14. ... der Artikel. Sie müssen ihn heute an unseren Kunden absenden.

15. ... die Artikel. Wir können sie nicht mehr liefern.

16. ... die Muster. Wir schicken sie zu unseren Lasten per Luftpost.

17. ... die Preise. Sie müssen sie um 8 % ermäßigen.

18. ... die Kataloge. Wir schicken sie heute mit getrennter Post.

19. Wir freuen uns, Ihnen mitteilen zu können, dass der Kunde Ihre Bedingungen annimmt.

20. ... unsere letzte Preisliste. Wir schicken sie anbei.

21. ... diese Ware. Wir haben sie nicht mehr am Lager.

22. Bitte informieren Sie uns postwendend, ob Sie unsere Bedingungen annehmen können.

23. ... die Muster. Bitte schicken Sie sie postwendend.

24. Wir danken Ihnen für Ihren Brief vom 3. d. M.

25. ... die Fabrikanten. Wir haben ihre Preislisten noch nicht.

10 Das Personalpronomen – Dativ (unbetonte Objektformen)

Die Formen des Personalpronomens lauten im Dativ:

mi	(mir)	**ci**	(uns)
ti	(dir)	**vi / Vi**	(euch / Ihnen)
gli	(ihm)	**gli/ loro**	(ihnen)
le / Le	(ihr / Ihnen)		

Für die **Stellung** gelten die Regeln **wie beim Personalpronomen (Akkusativ).**

Ausnahme: »loro« steht immer nach dem Verb:
Gli mandiamo la merce. – mandiamo loro la merce.
Gli dobbiamo mandare la merce. – Dobbiamo mandare loro la merce.
Dobbiamo mandargli la merce.

Konjugation der unregelmäßigen Verben:

venire

io	vengo	noi	veniamo
tu	vieni	voi	venite
lui	viene	loro	vengono

tenere

io	tengo	noi	teniamo
tu	tieni	voi	tenete
lui	tiene	loro	tengono

porre

io	pongo	noi	poniamo
tu	poni	voi	ponete
lui	pone	loro	pongono

rimanere

io	rimango	noi	rimaniamo
tu	rimani	voi	rimanete
lui	rimane	loro	rimangono

Vokabeln

angeben	**indicare**
aufrechterhalten	**mantenere (s. tenere)**
Ausfertigung	**la copia, l'esemplare (m.)**
in 2-facher A.	**in duplice copia, in due copie**
in 3-facher A.	**in triplice copia, in tre copie**
bald	**presto, quanto prima**
bis	**fino a**
bis (spätestens)	**entro**
bleiben	**rimanere**
Einführungsrabatt	**il ribasso-lancio, il ribasso promozionale**
empfehlen	**raccomadare**
jdm. e. etwas zu tun	**r. a qcuno di fare qcosa**
Ende	**la fine**
Ende Juli	**la fine di luglio**
erlauben	**permettere**
fest (Angebot)	**fisso (l'offerta fissa)**
folgend	**seguente**
halten	**tenere**
illustriert	**illustrato**
kommen	**venire**
Lage	**la condizione**
in der Lage sein	**essere in condizione di, essere in grado di**
lange	**a lungo, per molto tempo**
legen	**mettere, porre**
Probeauftrag	**l'ordine (m.) (a titolo di) prova**
raten	**consigliare**
sowie	**come anche, e anche, come pure**
und	**e**
unterbreiten	**sottomettere, sottoporre (s. porre)**
Ursprungszeugnis	**il certificato d'origine**
versprechen	**promettere**
jdm. v. etw. zu tun	**p.a qcuno di fare qcosa**
Versuchsauftrag	**l'ordine di prova, l'ordine-prova**
vor (einem Zeitpunkt)	**prima di**
vor Endc Juni	**prima della fine di giugno**
vorschlagen	**proporre (s. porre)**
warum	**perché**
weil	**perché**
werden (Vollverb)	**divenire (s. venire), diventare**
jdm. zusagen (gefallen)	**soddisfare qcuno**

Übungen

Ersetzen Sie das substantivische Dativobjekt durch das entsprechende Personalpronomen:

Inviamo una lettera al cliente. – **Gli** inviamo una lettera.

1. Sottomettiamo le offerte ai nostri clienti.

____

2. Vendiamo ai nostri clienti una merce di prima qualità.

____

3. Spedisco una lettera alla ditta Mirri.

____

4. Il cliente vuole passare un ordine al suo fornitore.

____

5. I fabbricanti accordano un ribasso ai loro clienti.

____

6. Noi non consigliamo ai nostri clienti di accettare questo prezzo.

____

7. La ditta invia il catalogo al suo cliente.

____

8. Voi raccomandate ai Vostri clienti di accettare questa offerta.

____

9. Il fabbricante può offrire questo articolo ai suoi clienti.

____

10. Spediamo le fatture ai clienti.

____

11. Devono consegnare questa merce al Sig. Rossi.

____

Übersetzen Sie:

1. Anbei schicken wir Ihnen das Ursprungszeugnis.

2. Der Kunde erteilt uns mehrere Aufträge.

3. Wir sind bereit, Ihnen einen Einführungsrabatt von 5 % zu gewähren.

4. Bitte schicken Sie mir postwendend Ihre Preisliste.

5. Wir können Ihnen diesen Artikel nicht mehr anbieten, weil der Fabrikant ihn nicht mehr herstellt.

6. Der Kunde bittet Sie, ihm die Rechnung in dreifacher Ausführung zuzuschicken.

7. Wir sind in der Lage, Ihnen ein sehr günstiges Angebot zu unterbreiten.

8. Bitte schicken Sie uns Ihren illustrierten Katalog.

9. Unsere Kunden bitten uns, ihnen nur feste Angebote zu unterbreiten.

10. Ich bitte Sie, mir Ihre Preisliste so schnell wie möglich zukommen lassen.

11. Ich kann Ihnen bedeutende Aufträge erteilen, wenn Sie mir Ihre Ware zu einem günstigen Preis anbieten.

12. Unser Kunde teilt uns mit, dass ihm die Qualität der Ware zusagt.

13. Wir bitten Sie, uns einige Muster zukommen zu lassen.

14. Bitte geben Sie uns Ihre Preise nur cif Neapel (Napoli).

15. Der Fabrikant schlägt uns vor, ihm einen Probeauftrag zu erteilen.

16. Anbei schicken wir Ihnen unseren Auftrag, und wir bitten Sie, ihn so schnell wie möglich auszuführen.

17. Der Hersteller ist bereit, Ihnen Sonderrabatte zu gewähren.

18. Unsere Kunden bitten uns, ihnen Angebote für (per) diesen Artikel zu unterbreiten.

19. Die Qualität der Ware sagt uns nicht zu.

20. Wir empfehlen Ihnen, uns so schnell wie möglich Ihren Auftrag zu erteilen, weil wir nicht sicher sind, ob wir die gegenwärtigen Preise noch lange aufrechterhalten können.

21. Mit gleicher Post schicken wir Ihnen unseren neuesten Katalog sowie unsere Preisliste.

22. Gemäß Ihrem Angebot vom 5. d. M. bitte ich Sie, mir die Ware bis zum 28. d. M. zukommen zu lassen.

23. Wir bieten Ihnen diesen Artikel zu (den) folgenden Bedingungen an.

____

24. Wir können Ihnen die Ware nicht vor Ende Juli (luglio) schicken.

____

25. Wir freuen uns, Ihnen den Auftrag erteilen zu können.

____

26. Unser Kunde bittet uns, ihm ein neues Angebot zu unterbreiten.

____

27. Wir raten Ihnen, uns den Auftrag bald zu erteilen.

____

28. Unsere Kunden teilen uns mit, dass ihnen die Qualität der Ware zusagt.

____

11 Die reflexiven Verben – Die Reflexivpronomina

Die für die Korrespondenz wichtigsten reflexiven (rückbezüglichen) **Verben sind:**

rivolger**si**	a	sich wenden an
decider**si**	a fare	sich entschließen zu tun
affrettar**si**	a fare	sich beeilen zu tun
impegnar**si**	a fare	sich verpflichten zu tun
intender**si**		sich verstehen
esaurir**si**		sich erschöpfen, zur Neige gehen
interessar**si**	a / di	sich interessieren für
occupar**si**	di	sich befassen mit
permetter**si**	di	sich erlauben
riferir**si**	a	sich beziehen auf

Die Reflexivpronomen (rückbezügliche Fürwörter) **lauten:**

Beispiel:	riferirsi a riferir(e) + si	sich beziehen auf
	mi riferisco	ich beziehe mich
	ti riferisci	du beziehst dich
	si riferisce	sie, er bezieht sich
	ci riferiamo	wir beziehen uns
	vi riferite	ihr bezieht euch
	(Vi riferite)	(Sie beziehen sich)
	si riferiscono	sie beziehen sich

Die Stellung der Reflexivpronomina:

Grundsätzlich:

1. **Vor** dem konjugierten Verb:
   Noi ci riferiamo alla Vs. lettera. (Wir beziehen uns auf Ihren Brief.)

2. **Angehängt** an den Infinitiv:
   Pensiamo di rivolgerci al sig. Rossi. (Wir denken, uns an Herrn Rossi zu wenden.)

Ausnahme:

3. Bei **Modalverben** (dovere, potere, volere und sapere) **+ Infinitiv** kann das Reflexivpronomen **entweder** vor dem Modalverb stehen, **oder** an den Infinitiv angehängt werden.
   (Voi) **Vi** dovete rivolgere al sig. Rossi **oder** (Voi) dovete rivolger**Vi** al sig. Rossi. (Sie müssen sich an Herrn Rossi wenden.)

Verneinung: »Non« steht immer vor den Reflexivpronomina:
(Noi) non ci occupiamo più di questo articolo. (Wir befassen uns nicht mehr mit diesen Artikel.)

Vokabeln

Alleinvertretung	**la rappresentanza esclusiva, l'esclusiva**	Fracht	**il nolo, il (prezzo di) trasporto**
antworten auf	**rispondere a**	freibleibendes Angebot	**l'offerta senza impegno**
sich beeilen, etw. zu tun	**affrettarsi a fare qcosa**	Gespräch	**la conversazione**
sich befassen mit	**occuparsi di**	helfen, jdm. etw. zu tun	**aiutare qcuno a fare qcosa**
sich belaufen auf	**ammontare a, essere di**	heutig	**di oggi, odierno**
sich beziehen auf	**riferirsi a (riferisco)**	sich interessieren für	**interessarsi a / di**
da (Satzanfang)	**dato che, poiché, siccome**	Neige, zur N. gehen	**esaurirsi**
E-Mail	**l'eMail (f), la posta elettronica**	Produkt	**il prodotto**
entnehmen (z. B. einem Brief)	**apprendere da (per es. da una lettera)**	sofort	**subito**
sich entschließen, etw. zu tun	**decidersi a fare qcosa**	umgehend	**immediatamente**
sich erlauben, etw. zu tun	**permettersi di fare qcosa**	Verladung	**il carico, il caricamento**
sich erschöpfen	**esaurirsi (esaurisco)**	Verpackung	**l'imballaggio**
Fall, im Fall von	**il caso, in caso di**	einschließlich V.	**i. incluso**
		sich verpflichten zu tun	**impegnarsi a fare qcosa**
		sich verstehen	**intendersi**
		sich wenden an	**rivolgersi a**

Übungen

Setzen Sie die richtige Verbform und Präposition ein:

Io ______________ fabbricante. (rivolgersi) – Io **mi** rivolgo **al** fabbricante.

1. (Noi) ______________ Vostro annuncio. (riferirsi)
2. I nostri clienti ______________ Vostri articoli. (interessarsi)
3. (Io) ______________ conversazione con il Vostro rappresentante. (riferirsi)
4. Vogliate ______________ nostro fabbricante. (rivolgersi)
5. (Io) ______________ questi articoli. (interessarsi)
6. Il cliente ______________ ditta Rossi. (rivolgersi)
7. (Voi) ______________ nostri articoli. (interessarsi)
8. (Noi) ______________ rispondere alla Vostra e-mail. (affrettarsi)
9. I prezzi ______________ imballaggio incluso. (intendersi)
10. (Noi) ______________ inviarVi i nostri cataloghi. (permettersi)
11. I clienti ______________ coprire l'assicurazione. (impegnarsi)
12. Il fabbricante ______________ sue condizioni di vendita. (riferirsi)

Übersetzen Sie:

1. Seit Langem schon befassen wir uns mit dem Export dieser Artikel.

____

2. Unsere Kunden interessieren sich für Ihre Artikel.

____

3. Da Sie sich für unsere Waren interessieren, unterbreiten wir Ihnen heute ein sehr günstiges Angebot.

____

4. Wir beziehen uns auf Ihre Annonce in »L'Industria«.

____

5. Wir bitten Sie, sich an unseren Fabrikanten zu wenden.

____

6. Unser Kunde interessiert sich für Ihre Produkte.

____

7. Wir können uns nicht entschließen, Ihnen diesen Auftrag zu erteilen.

8. Unsere Preise verstehen sich einschließlich Verpackung.

9. Im Fall von Verkauf fob oder c&f verpflichten Sie sich, die Versicherung vor der Verladung zu decken.

10. Unsere Rechnung beläuft sich auf € 3.450,—.

11. Die Käufer wenden sich an ihren Fabrikanten.

12. Ich interessiere mich für die Alleinvertretung Ihrer Artikel.

13. Sie müssen sich an die Firma Huber & Co wenden.

14. Unsere Angebote verstehen sich freibleibend.

15. Wir beziehen uns auf Ihre heutige E-Mail.

16. Wir freuen uns, Ihrer e-mail zu entnehmen, dass Sie sich für unsere Artikel interessieren.

17. Wir beeilen uns, auf Ihre e-mail vom 8. d. M. zu antworten.

18. Wir erlauben uns, Ihnen unsere Kataloge sowie unsere letzte Preisliste zukommen zu lassen.

19. Wir beeilen uns, Ihnen mitzuteilen, dass wir diesen Artikel nicht mehr liefern können.

12 Der Fragesatz – Das Fragepronomen

Fragesätze ohne Fragewörter haben in der Regel dieselbe Satzstellung wie die Aussagesätze:

(Subjekt) – Prädikat – direktes Objekt (Akk.) – indirektes Objekt (Dat.)

Sie unterscheiden sich von Aussagesätzen durch die steigende Melodie.

Das Subjekt des Fragesatzes kann aber auch nach dem Verb und Prädikat gestellt werden.

Aussagesatz: Il fabbricante offre questo articolo.

Fragesatz: Il fabbricante, offre questo articolo?
Offre questo articolo, il fabbricante?

Aussagesatz: Questa fabbrica è tedesca.

Fragesatz: Questa fabbrica, è tedesca?
È tedesca, questa fabbrica?

Frage mit Fragewort:

	bei Personen		bei Sachen	
Nominativ	**chi**	(wer)	**che cosa**	(was)
Akkusativ	**chi**	(wen)	**che cosa**	(was)
Dativ	**a chi**	(wem)	**a che cosa**	(woran)
Genitiv	**di chi**	(von wem, wessen)	**di che cosa**	(wovon)

Das Fragepronomen »quale« lautet bei Personen und Sachen:

Singular: quale? (welche?, welche?, welches?)

Plural: quali? (welche?)

Es wird substantivisch und adjektivisch gebraucht.

Beispiele: Quale articolo potete comprare? (Welchen Artikel können Sie kaufen?)
Quali articoli potete consegnare? (Welche Artikel können Sie liefern?)
Quale quantità potete consegnare? (Welche Menge können Sie liefern?)
Quali quantità potete consegnare? (Welche Mengen können Sie liefern?)
Quali sono le Vostre condizioni? (Welche sind Ihre Bedingungen?)
Quali sono i Vostri prezzi? (Welche sind Ihre Preise?)

Achtung: Quale wird vor »è« zu »qual« verkürzt:
Qual è il suo indirizzo?
Qual è la Vostra ultima offerta?

Vor einem Substantiv, »che« fragt nach Art oder Eigenschaft von Personen oder Sachen:

Beispiele: Che condizioni sono queste? (Was für Bedingungen sind diese?)
Che tipo di merce volete? (Was für Ware wollen Sie?)

Anmerkung: Alle Fragewörter, außer »come« (wie) und »perché« (warum), können mit Präpositionen verbunden werden.

Beispiele: A che cosa pensi? (An was denkst du?)
Con chi parla? (Mit wem spricht er?)
Per quale ditta lavorate? (Mit welcher Firma arbeiten Sie zusammen?)

Vokabeln

Auftragsbestätigung	**la conferma dell'ordine**	warum	**perché**
enthalten	**contenere (con+tenere)**	was	**che cosa (häufig nur »che« oder »cosa«)**
erhalten (durch Bemühung)	**ottenere (io ottengo)**	welche	**quale / quali**
früher	**prima**	welcher	**quale**
für	**per**	wen	**chi**
nach (zeitl.)	**dopo**	wer	**chi**
seit wann?	**da quanto tempo?**	wie	**come (com'è ...)**
sprechen	**parlare**	wie viel	**quanto**
sprechen mit jdm.	**parlare con / a qcuno**	wie viele	**quanta / quante / quanti**
sprechen über	**parlare di**	wieso	**perché**
Stück	**il pezzo**	wo	**dove (dov'è ...)**
umfassen	**comprendere**	wohin	**dove**
Verbindung	**il contatto**	zusammenarbeiten mit	**lavorare con, collaborare con, cooperare con**
sich in V. setzen mit	**mettersi in contatto con, contattare**		
wann	**quando**		

Übungen

Setzen Sie das Fragepronomen ein:

A ______ scrive? – A chi scrive?

1. Per ______ ditta lavorate?
2. A ______ volete rivolgerVi?
3. Di ______ articolo Vi interessate?
4. Di ______ Vi occupate?
5. ______ è il Vostro rappresentante?
6. Con ______ devo parlare per avere queste informazioni.
7. Di ______ parlano?
8. ______ qualità volete?
9. ______ è l'importo della fattura?
10. ______ articoli potete consegnarci prima della fine di giugno?

Übersetzen Sie:

1. Welche Bedingungen können Sie uns geben?

______

2. Haben Sie die Waren auf Lager?

______

3. Welche sind Ihre Verkaufsbedingungen?

______

4. Welche Artikel können Sie uns sofort liefern?

______

5. Haben Sie die Ware auf Lager?

______

6. Welche Rabatte können Sie uns gewähren?

______

7. Wann kann Ihr Fabrikant uns die Ware schicken?

______

8. Warum kann Ihr Fabrikant uns die Ware nicht früher liefern?

______

9. Warum sagt die Qualität unserer Ware Ihren Kunden nicht zu?

10. An wen muss ich mich wenden, wenn ich folgende Informationen haben will?

11. Seit wann arbeitet Ihre Firma in dieser Branche?

12. An welche Adresse sollen wir diese Ware schicken?

13. Wann kann Ihr Hersteller 10.000 Stück liefern?

14. Welche Firma stellt diesen Artikel her?

15. Wann können Sie die Ware abschicken?

16. Welche Mengen können Sie sofort liefern?

17. Wie viele Kisten soll diese Lieferung umfassen?

18. Sind Ihre Kunden mit der Qualität der Waren zufrieden?

19. Mit welchen Fabrikanten arbeiten Sie zusammen?

20. Sollen wir Ihnen die Ware sofort nach der Auftragsbestätigung schicken?

21. Mit wem muss ich mich in Verbindung setzen, um diese Information zu erhalten?

22. Was benötigen Sie?

23. Mit wem möchten (wollen) Sie sprechen?

24. Womit sind Sie nicht zufrieden?

25. Wofür interessieren Sie sich?

13 Das Relativpronomen

Das Relativpronomen (bezügliches Fürwort) »che« kann für Personen oder Sachen stehen. Es wird als Subjekt und direktes Objekt gebraucht.
Im Gegensatz zum Deutschen bleiben Geschlecht und Zahl des Bezugswortes bei »che« unberücksichtigt.

Beispiele: Il prezzo **che** è favorevole ... (Der Preis, der günstig ist ...)
Le condizioni **che** sono favorevoli ... (Die Bedingungen, die günstig sind ...)

La lettera **che** inviamo ... (Der Brief, den wir schicken ...)
Gli ordini **che** passiamo ... (Die Aufträge, die wir erteilen ...)

Wenn eine Präposition (con, a, per, senza usw.) vor dem Relativpronomen steht, benutzt man **»cui«.**
»Cui« ist unveränderlich und kann für Personen und Sachen stehen.

Beispiele: La ditta con **cui** lavoriamo ... (Die Firma, mit der wir zusammenarbeiten ...)
Le ditte con **cui** lavoriamo ... (Die Firmen, mit denen wir zusammenarbeiten ...)

Il cliente con **cui** lavoriamo ... (Der Kunde, mit dem wir zusammenarbeiten ...)
I clienti con **cui** lavoriamo ... (Die Kunden, mit denen wir zusammenarbeiten ...)

Achtung:

1. Die Präposition »a« kann vor »cui« wegfallen:
   La ditta (a) cui scriviamo.

2. »Dessen«, »deren« heißt cui; cui steht zwischen dem bestimmten Artikel und dem Substantiv:

   Beispiele:
   Le condizioni di consegna della ditta Rossi sono interessanti.
   Relativsatz: La ditta Rossi, **le cui** condizioni di consegna sono interessanti, ...
   (Die Firma Rossi, deren Lieferbedingungen interessant sind, ...)

   I prezzi del prodotto XY sono competitivi.
   Relativsatz: Il prodotto XY, **i cui** prezzi sono competitivi, ...
   (Das Produkt XY, dessen Preise konkurrenzfähig sind, ...)

Statt »che« kann das Relativpronomen **il quale / la quale, i quali / le quali** verwendet werden. Es ist veränderlich und verlangt einen bestimmten Artikel, auch in Verbindung mit einer Präposition (Es steht meist im Plural und nach Präpositionen).

I clienti, a cui / ai quali abbiamo scritto ...
Le ditte, con cui / con le quali lavoriamo ...
Il Sig. Bianchi, il quale è in Germania per affari, arriva domani.
(Herr Bianchi, der geschäftlich in Deutschland ist, kommt morgen an.)

Zur Form des neutralen Relativpronomens »was« siehe Anm. 2

Vokabeln

ankommen, eintreffen	**arrivare**
Aufstellung	**la distinta, l'elenco**
augenblicklich	**al momento, attualmente**
behalten	**tenere, trattenere (io trattengo)**
cent	**cent, centesimo**
entsprechen	**corrispondere a**
erfahren	**apprendere, venire a sapere**
fragen	**domandare, chiedere**
Information über	**l'informazione (f.) su**
kennen	**conoscere**
Konto	**il conto (in banca)**
leider (Adv.)	**purtroppo**
Maschine	**la macchina**
mit	**con**
morgen	**domani**
nehmen	**prendere**
Preisnachlass	**la riduzione di / sul prezzo, lo sconto di / sul prezzo**
recht (Adv.)	**molto, proprio**
schreiben	**scrivere**
standhalten (d. Konkur.)	**fare fronte a (fare fronte alla concorrenza)**
Teil	**la parte**
verfügen über	**disporre (io dispongo) di, avere a disposizione**
Vorschlag	**la proposta**
Zustand	**la condizione, lo stato**
in gutem Zustand	**in buone condizioni, in buono stato**

Übungen

Setzen Sie das Relativpronomen ein:

1. I prezzi ______________________________ indicate...
2. I compratori ______ non sono soddisfatti della merce...
3. La qualità ____________ i clienti non sono soddisfatti...
4. La ditta ______________________ Vi potete rivolgere...
5. Le merci ______________________ abbiamo bisogno...
6. L'offerta __________ Vi sottomettiamo è vantaggiosa...
7. Gli articoli ______ non sono più a nostra disposizione...
8. Il fabbricante _____________________ collaboriamo...
9. L'offerta, _______________________ è vantaggiosa, ...
10. Le offerte _______________________ Vi ringraziamo...
11. Le condizioni ___ la concorrenza offre questa merce...
12. La qualità _________________________ Vi offriamo...
13. Lo sconto _______________ Vi possiamo accordare...
14. I clienti ______ non sono soddisfatti di questa qualità...
15. Paghiamo l'importo della fattura, ____________ è di € 750,57.

Übersetzen Sie:

1. Die Preise, die Sie angeben, sind zu hoch.

____

2. Wir danken Ihnen für den Rabatt, den Sie uns gewähren wollen.

____

3. Das ist eine Firma, die wir schon lange kennen.

____

4. Das Angebot, das Sie uns unterbreiten, ist sehr interessant.

____

5. Hiermit bestätigen wir den Erhalt Ihrer e-mail vom 8. d. M., für den wir Ihnen sehr danken.

____

6. Unsere Kunden, mit denen wir schon seit Langem zusammenarbeiten, wollen nur Waren erster Qualität kaufen.

____

7. Wir behalten den Teil der Ware, der in gutem Zustand ist.

____

8. Die Lieferfristen, die Sie angeben, sind zu lang.

____

9. Das Angebot, das Sie uns unterbreiten, können wir leider nicht annehmen.

____

10. Anbei schicken wir Ihnen unsere Rechnung, die sich auf € 780,10 beläuft.

____

11. Wir müssen Ihnen mitteilen, dass die Ware, die Sie uns anbieten, zu teuer ist.

____

12. Der Fabrikant, der uns die Maschinen anbietet, will uns einen Preisnachlass gewähren.

____

13. Wir können Ihnen den Artikel, um den Sie uns bitten, nicht liefern.

____

14. Sie können über den Teil der Ware verfügen, mit dem wir nicht zufrieden sind.

15. Für die Aufträge, die Sie uns in diesem Monat erteilen, gewähren wir Ihnen einen Sonderrabatt.

16. Die Artikel, von denen wir Ihnen heute einige Muster schicken, sind augenblicklich nicht am Lager.

17. Leider können wir Ihnen die Maschinen, für die Sie sich interessieren, nicht liefern.

18. Die Firma, an die Sie sich wenden können, ist ...

19. Die Rabatte, die Sie zu gewähren bereit sind, sind recht niedrig.

20. Die Preise, die Sie angeben, können der Konkurrenz nicht standhalten.

21. Anbei eine Aufstellung der Waren, die wir benötigen.

22. Die Angebote, die Sie uns unterbreiten, können wir nicht annehmen.

23. Wir bestätigen den Erhalt Ihres Briefes vom 28. vergangenen Monats, aus dem wir entnehmen, dass Sie die Waren noch nicht liefern können.

24. Die Bedingungen, zu denen die Konkurrenz diesen Artikel anbietet, sind sehr günstig.

25. Anbei eine Liste der Waren, für die wir uns interessieren.

26. Sie müssen die Preise, die Sie angeben, um 3 % ermäßigen, wenn Sie konkurrenzfähig bleiben wollen.

27. Die Qualität, die wir Ihnen anbieten können, ist ausgezeichnet.

28. Die Vorschläge, die Sie uns unterbreiten, sind sehr interessant.

14 Das Perfekt

Das Perfekt (vollendete Gegenwart) wird gebildet mit dem Präsens von »avere« oder »essere« und dem zweiten Partizip (Mittelwort der Vergangenheit).

Perfekt	**Präsens von »avere«**	+	**zweites Partizip**
	oder		
	Präsens von »essere«	+	**zweites Partizip**

Zweites Partizip der **regelmäßigen Verben:**

Infinitiv	Zweites Partizip	
compr**are**	compr**ato**	(gekauft)
vend**ere**	vend**uto**	(verkauft)
fin**ire**	fin**ito**	(beendet)

Zweites Partizip der wichtigsten **unregelmäßigen Verben:**

Infinitiv	Zweites Partizip	Infinitiv	Zweites Partizip
aprire	aperto	offrire	offerto
chiedere	chiesto	porre (2)	posto
coprire	coperto	prendere (3)	preso
decidere	deciso	produrre (4)	prodotto
dire	detto	rispondere (5)	risposto
essere	stato	scrivere	scritto
fare	fatto	venire (6)	venuto
leggere	letto	vedere	visto / veduto
mettere	messo (1)		

(1) so auch: commettere, permettere, promettere, rimettere, sottomettere, trasmettere.
(2) so auch: proporre, sottoporre.
(3) so auch: apprendere, attendere, comprendere.
(4) so auch: ridurre, introdurre.
(5) so auch: corrispondere.
(6) so auch: convenire, divenire, pervenire.

Das Perfekt der mit »avere« verbundenen Verben:

io	**ho**	comprato	(ich habe gekauft)
tu	**hai**	comprato	(du hast gekauft)
lui	**ha**	comprato	(er hat gekauft)
lei / Lei	**ha**	comprato	(sie hat / Sie haben gekauft)
noi	**abbiamo**	comprato	(wir haben gekauft)
voi / Voi	**avete**	comprato	(ihr habt / Sie haben gekauft)
loro	**hanno**	comprato	(sie haben gekauft)

Stellung des Personalpronomens:
Das Personalpronomen steht vor dem konjugierten Verb (vergl. Lektion 9 und 10):

Beispiele: (Noi) abbiamo eseguito l'ordine.
(Noi) lo / l'abbiamo eseguito.

Die Verneinung
non – Objektpronomen – Prädikat:

Beispiele: (Noi) non abbiamo eseguito l'ordine.
(Noi) non lo / l'abbiamo eseguito.

Veränderlichkeit des Partizips:
Das mit »avere« verbundene Partizip wird grundsätzlich nicht verändert.

Ausnahme:
Wenn das Akkusativobjekt, das vorausgeht, ein Personalpronomen der 3. Person **(lo, la, li, le)** ist, dann richtet sich das Partizip in Geschlecht und Zahl nach diesem.

Beispiele:	Ha scritto la e-mail.	(Er hat die E-Mail geschrieben.)
	La / l'abbiamo ricevut**a**.	(Wir haben ihn erhalten.)
	Ha scritto molte e-mail.	(Er hat viele E-Mails geschrieben.)
	Le abbiamo ricevut**e**.	(Wir haben sie erhalten.)

Mit sonstigen Akkusativobjekten (Relativpronomen, Fragepronomen oder Fragewort + Substantiv usw.) und Objektpronomen kann sich das Partizip in Geschlecht und Zahl nach diesen richten oder unverändert bleiben:

Beispiele:	La lettera che abbiamo ricevuto / ricevuta.	(Der Brief, den wir erhalten haben.)
	Quante lettere avete scritto / scritte?	(Wie viele Briefe haben Sie geschrieben?)
	Quale lettera avete ricevuto / ricevuta?	(Welchen Brief haben Sie erhalten?)

Das Perfekt der mit »essere« verbundenen Verben:

Mit »essere« verbundene Verben sind: alle reflexiven* Verben (siehe Lektion 11) und, entsprechend dem Deutschen, die intransitiven Verben (die meist Bewegung, einen Zustand, einen Wechsel des Zustandes oder einen Ortswechsel ausdrücken) wie z. B. andare (gehen, fahren), arrivare (ankommen), diventare / - divenire (werden), entrare (eintreten), essere (sein), partire (weggehen, abreisen), restare / rimanere (bleiben), ritornare (zurückkehren, -senden), stare (bleiben, sein), venire (kommen).

Die Perfektformen dieser Verben werden wie folgt gebildet:

io	**sono**	venut**o** / venut**a**	(ich bin gekommen)
tu	**sei**	venut**o** / venut**a**	(du bist gekommen)
lei	**è**	venut**a**	(sie ist gekommen)
lui	**è**	venut**o**	(er ist gekommen)
noi	**siamo**	venut**i** / venut**e**	(wir sind gekommen)
voi	**siete**	venut**i** / venut**e**	(ihr seit gekommen / Sie sind gekommen)
loro	**sono**	venut**i** / venut**e**	(sie sind gekommen)

Verneinung: (Loro) non sono venuti.

Veränderlichkeit des Partizips:
Das mit »essere« verbundene Partizip richtet sich in Geschlecht und Zahl nach dem **Subjekt.**

*** Achtung:** Reflexiven Verben mit Modalverben (s. Lektion 11)
Voi Vi dovete rivolgere al Sig. Rossi.
Voi Vi **siete** dovuti rivolgere al Sig. Rossi.

Voi dovete rivolger**Vi** al Sig. Rossi.
Voi **avete** dovuto rivolger**Vi** al Sig. Rossi.

Vokabeln

anvertrauen, jdm. etwas	**affidare qcosa a qcuno**
bekannt	**conosciuto**
sich beschweren über etw.	**lamentarsi di qcosa**
deshalb	**perciò, per questo**
deswegen	**perciò, per questo**
einhalten (Termine, Bedingungen usw.)	**osservare, rispettare**
eintreten (in Geschäftsbeziehungen)	**entrare (in relazioni d'affari)**
empfangen	**ricevere**
erhalten	**ricevere**
Ersatzteil	**il pezzo di ricambio**
fahren	**andare**
Fax	**il fax (Pl. i fax)**
fehlend	**mancante**
festsetzen	**fissare**
feststellen	**accertare, constatare**
gehen	**andare**
Geschäftsbeziehung	**il rapporto d'affari, la relazione d'affari**
gestern	**ieri**
gewünscht	**desiderato, domandato, richiesto**
Hälfte	**la metà**
Handelskammer	**la Camera di Commercio**
hiesig	**locale (Adj.), di questa città, di qui**
immer	**sempre**
inzwischen	**frattanto, nel frattempo, intanto**
Irrtum	**l'errore (m.)**
mir ist ein I. unterlaufen	**ho fatto, commesso un errore**
Jahr	**l'anno**
Kiste	**la cassa**
kurzfristig	**a breve scadenza, a breve termine**
Liefertermin	**il termine di consegna**
obenerwähnt	**di cui sopra, suddetto, summenzionato**
Prospekt	**il prospetto**
rechtzeitig (Adv.)	**in tempo**
Rohstoff	**la materia prima**
Schwierigkeit	**la difficoltà**
soeben	**appena (z. B.: l'ho appena visto)**
solch (Adj.)	**tale**
steigern	**aumentare**
suchen	**cercare**
übergeben	**trasmettere**
Verkauf	**la vendita**
vor (vor zwei Wochen)	**fa (due settimane fa)**
wegfahren, weggehen	**partire**
zurückhalten	**trattenere**
zurückkommen	**ritornare, tornare**

Übungen

Setzen Sie ins Perfekt:

1. Eseguiamo il Vostro ordine.

____

2. I nostri clienti accettano queste condizioni di vendita.

____

3. I clienti sono soddisfatti della qualità.

____

4. I fabbricanti producono questo articolo.

____

5. Ci decidiamo a passarVi un ordine.

____

6. Voi riducete i Vostri prezzi.

____

7. Scrivo una e-mail al fornitore.

____

8. Effettuate la consegna.

____

9. Il fabbricante non aumenta i prezzi.

____

10. I nostri clienti si riferiscono al Vostro annuncio.

11. Apriamo una lettera di credito a Vostro favore.

12. Il cliente è soddisfatto dell'esecuzione dell'ordine.

13. Il fornitore manda la spedizione.

14. Il nostro fabbricante offre le seguenti merci.

15. Mi affretto a spedirVi i campioni.

16. I fabbricanti non consegnano la merce in tempo.

17. Io non ho relazioni d'affari con questa ditta.

18. Vendiamo questo articolo.

19. Voi ci promettete di spedirci la merce in tempo.

20. Noi leggiamo il Vostro annuncio.

21. Esaminiamo la Vostra offerta.

22. Potete rivolgerVi al nostro fabbricante.

23. Non produciamo questo articolo.

24. Il cliente riceve la spedizione.

25. I nostri clienti hanno delle difficoltà con questo articolo.

26. Volete entrare in relazioni d'affari con noi.

27. Devo aumentare i prezzi.

28. Il nostro cliente non si decide a comprare questo articolo.

29. Non vendo questo articolo.

30. La merce arriva in buono stato.

31. Noi non possiamo accettare queste condizioni di vendita.

32. Non accettiamo queste condizioni.

33. Apprendo dalla Vostra e-mail ...

34. I clienti non sono soddisfatti della qualità.

35. Il rappresentante non arriva.

36. Ci sottoponete un'offerta molto favorevole.

Bilden Sie die Perfektform nach folgendem Beispiel:

Io introduco la merce. – Io **l**'ho introdott**a**.

1. Noi scriviamo la lettera.

2. La ditta Rossi esporta questa merce.

3. Apriamo la lettera di credito a Vostro favore

4. Voi sottoponete un'offerta.

5. Il nostro rappresentante introduce questo articolo nel mercato italiano.

6. Noi accettiamo queste condizioni.

7. Offro queste merci.

8. Voi riducete i prezzi.

9. Comprate questi prodotti.

10. La ditta paga la fattura.

Übersetzen Sie:

1. Wir haben Ihren Brief vom 6. d. M. erhalten.

2. Ihre Sendung ist nicht rechtzeitig angekommen.

3. Wir haben Ihren Auftrag ausgeführt.

4. Sie haben den Liefertermin nicht eingehalten.

5. Wir haben Ihrer e-mail vom 2. d. M. entnommen, dass Sie sich für unsere Produkte interessieren.

6. Er hat uns ein günstiges Angebot unterbreitet.

7. Der Fabrikant hat uns versprochen, die Ware umgehend zu schicken.

8. a) Wir haben unseren Kunden die Kataloge geschickt.

b) Wir haben ihnen die Kataloge geschickt.

c) Wir haben sie unseren Kunden geschickt.

9. Unser Kunde hat festgestellt, dass Sie nicht die gewünschte Menge geliefert haben.

10. Unsere Fabrikanten haben uns mitgeteilt, dass sie diesen Artikel nicht mehr herstellen.

11. Wir haben Ihnen die Kataloge postwendend geschickt.

12. Wir haben soeben erfahren, dass unser Fabrikant die Preise erhöht hat.

13. Ich habe Ihre Angebote erhalten und habe sie geprüft.

14. Leider haben wir Ihre Bedingungen nicht annehmen können.

15. Die Ware, die wir erhalten haben, entspricht den Mustern.

16. Wir haben feststellen müssen, dass Ihre Preise zu hoch sind.

17. Die Bedingungen, die Sie vorgeschlagen haben, sind recht günstig.

18. Unsere Versicherung hat sich mit dieser Angelegenheit befasst.

19. Sie haben eine Ware geliefert, die wir nicht bestellt haben.

20. Ich habe soeben Ihr Fax erhalten.

21. Die hiesige Handelskammer hat uns mitgeteilt, dass Sie Importeur der oben genannten Artikel sind.

22. Wir können Ihnen mitteilen, dass sich die Firma Rossi entschlossen hat, uns den Verkauf ihrer Erzeugnisse anzuvertrauen.

23. Mehrere Kunden haben sich über die langen Lieferfristen beschwert.

24. Sie haben die festgesetzte Frist nicht eingehalten.

25. Wir haben den Fabrikanten gebeten, Ihnen die fehlenden Stücke per Luftpost zu schicken.

26. Ich habe meinen Kunden diese Ware nicht anbieten können.

27. Die Kisten sind in gutem Zustand angekommen.

28. Wir sind vor 6 Monaten mit dieser Firma in Geschäftsbeziehungen getreten.

29. Leider hat unser Vertreter nicht nach Mailand kommen können.

30. Inzwischen haben wir Ihre Lieferung erhalten.

31. Der Lieferant hat uns diesen Artikel zu einen Sonderpreis angeboten.

32. Unsere Fabrikanten haben einen solchen Artikel niemals hergestellt.

33. Diese Firma ist sehr bekannt.

34. Ihr Vertreter hat uns gesagt, dass Sie 2.000 Stück kurzfristig liefern können.

35. Wir haben die Prospekte nicht erhalten.

36. Ich habe Ihren Brief vom 10. d. M. erhalten, für den ich Ihnen danke.

37. Unser Vertreter hat uns soeben mitgeteilt, dass Sie sich für den Artikel X interessieren.

38. Die Preise der Rohstoffe sind vorige Woche gestiegen.

39. In Ihrer Annonce habe ich gelesen, dass Sie einen Vertreter suchen.

40. Wir haben die fehlenden Stücke noch nicht erhalten.

15 Das Futur – Das Pronomen »tutto«

15.1 Das Futur

Das Futur wird aus dem Infinitiv gebildet. Bei den Verben auf **are** wird das **-a** der Infinitivendung zu einem **-e: -erò.**

Die Endungen der Futurformen lauten:

–rò	**–remo**
–rai	**–rete**
–rà	**–ranno**

	comprare	vendere	finire
io	comprerò	venderò	finirò
tu	comprerai	venderai	finirai
lui / lei	comprerà	venderà	finirà
noi	compreremo	venderemo	finiremo
voi	comprerete	venderete	finirete
loro	compreranno	venderanno	finiranno

Die **1. und die 3. Person Sing.** werden **auf der letzten Silbe betont;** deshalb haben sie einen **Akzent.**

Ausnahme:

1) Einige Verben haben ein »a« vor den Endungen:
dare / darò; fare / farò; stare / starò

2) Bei vielen Verben auf -ere, wird das »e« elidiert:
avere – avrò
dovere – dovrò
potere – potrò
sapere – saprò
vedere – vedrò

3) Bei einigen Verben findet Angleichung der Konsonanten statt bei:
rimanere – rimarrò
tenere – terrò (so auch: ottenere, mantenere usw.)
venire – verrò (so auch: divenire, pervenire usw.)
volere – vorrò

Achtung: andare – andrò; essere – sarò; introdurre – introdurrò (so auch: produrre, ridurre usw.); porre – porrò (so auch: proporre, sottoporre usw.)
Das Futur der Verben auf **-care** und **-gare** ist:
fabbricare – fabbric**h**erò
pagare – pag**h**erò

Bei Verben auf **-ciare, -giare** und **-sciare** entfällt das »i« vor dem »e« der Endung:
lasciare (lassen) – lascerò

Das **Futur I** bezeichnet ein zukünftiges Geschehen oder einen zukünftigen Zustand. Es kann häufig durch das Präsens ersetzt werden.
Nach »sperare« (hoffen) steht oft im Nebensatz das Futur, wenn auf die Zukunft verwiesen wird.

Beispiel: Speriamo che la qualità Vi soddisferà. (Wir hoffen, dass Ihnen die Qualität zusagt, zusagen wird.)

Futur II (vollendete Zukunft): siehe Anmerkung 3.

15.2 Das Pronomen »tutto«

»Tutto« als Substantiv verwendet, hat folgende Formen und Bedeutungen:

Singular:	Ha capito **tutto**	(Er hat alles verstanden)
Plural:	Sono venuti **tutti**	(Sie sind alle gekommen)
	Sono venute **tutte**	(Sie sind alle gekommen)

»Tutto« als Adjektiv verwendet, hat folgende Formen und Bedeutungen:

Singular:	**Tutto** il magazzino	(Das ganze Lager)
	Tutta la città	(Die ganze Stadt)
Plural:	**Tutti** i clienti	(Alle Kunden)
	Tutte le casse	(Alle Kisten)

In der Regel steht zwischen dem adjektischen »tutto« und dem folgenden Substantiv der bestimmte Artikel, ein Demonstrativpronomen (tutta questa cassa) oder ein bestimmter Artikel plus ein Possessivpronomen (tutti i nostri clienti).

Vokabeln

alle	**tutta, tutte, tutti**
alles	**tutto**
Anlage	**l'allegato (Abk.: all.)**
	in der Anlage: in all.
Art	**il modo, il tipo (Sorte)**
Aufmerksamkeit	**l'attenzione (f.)**
aufmerksam machen auf	**fare notare qcosa a qcuno**
Auftragszettel	**il biglietto delle ordinazioni**
bis auf weiteres	**fino a nuovo ordine**
ebenso (günstig)	**altrettanto, ugualmente (favorevole)**
einlagern	**immagazzinare**
Einzelheit	**il dettaglio, il particolare**
Empfang, Erhalt	**il ricevimento**
nach Erhalt	**dopo (il) ricevimento**
finden	**trovare**
ganz	**tutto**
gegen	**contro**
gleich (Adj.)	**medesimo, stesso**
gutschreiben	**accreditare**
jdm. etwas g.	**a. qcosa a qcuno**
hoffen	**sperare**
ich hoffe, dass	**io spero che ...**
ich hoffe zu tun	**io spero di fare**
in acht Tagen	**fra / tra otto giorni (nach Ablauf von)**
in zwei Tagen	**entro / in due giorni (innerhalb von)**
in einem Monat	**entro / in un mese; fra un mese**
Kopie	**la copia**
Kosten	**il costo; la spesa**
lassen	**lasciare**
Luftfracht	**il nolo / trasporto aereo**
per Luftfracht	**il trasporto merci (per) via aerea**
Modell	**il modello**
möglich	**possibile**
es ist möglich etw. z. tun	**è possibile fare qcosa**
sein Möglichstes tun	**fare (tutto) il possibile**
nächster	**prossimo**
Proformarechnung	**la fattura proforma**
Risiko	**il rischio**
Summe	**la somma**
Tag	**il giorno**
technisch	**tecnico (Pl.m.tecnici)**
Teilsendung	**la spedizione parziale**
überzeugt sein	**essere convinto di**
veranlassen, jdn. etw. zu tun	**indurre qcuno a fare qcosa**
vermeiden zu tun	**evitare di fare**
versichern	**assicurare**
Versicherungspolice	**la polizza di assicurazione**
Woche	**la settimana**
nächste Woche	**la prossima settimana**

Übungen

Setzen Sie die folgenden Sätze ins Futur:

1. Eseguo il Vostro ordine.

2. La merce arriva in tempo.

3. Apriamo un conto con la Banca Nazionale del Lavoro.

4. Vi accordiamo uno sconto del 5%.

5. I prezzi aumentano.

6. I clienti non accettano le condizioni.

7. Ricevete una copia del fax.

8. La ditta Rossi ci rappresenta in Germania.

9. Vi passiamo l'ordine.

10. La nostra banca si occupa di questo affare.

11. Avete la fattura.

12. Gli ordini che noi eseguiamo ...

13. I nostri clienti hanno delle difficoltà con questo modello.

14. Il fabbricante fa tutto il possibile.

15. Questa qualità soddisfa il nostro cliente.

16. Vi spediamo qualche campione.

17. Siete soddisfatti della qualità.

18. Vi posso sottoporre un'offerta vantaggiosa.

19. I fabbricanti devono ridurre i loro prezzi.

20. Ricevete i campioni.

Übersetzen Sie:

1. Morgen schicken wir Ihnen alle Muster.

2. Der Hersteller wird Ihren Auftrag mit großer Sorgfalt ausführen.

3. Anbei finden Sie unsere Proformarechnung.

4. Ich werde die Rechnung nach Erhalt der Ware bezahlen.

5. Wir hoffen, dass wir in der Lage sein werden, die gegenwärtigen Preise noch lange zu halten.

6. Wir werden unser Möglichstes tun, den Auftrag gemäß den Anweisungen auszuführen, die Sie uns gegeben haben.

7. Sie werden alle gewünschten Kataloge so schnell wie möglich erhalten.

8. Wir sind sicher, dass Ihnen die Qualität der Ware zusagen wird.

9. Der Kunde wird die Ware bis auf Weiteres einlagern.

10. Wir werden unser Möglichstes tun, um den Auftrag rechtzeitig auszuführen.

11. Die Qualität der Waren wird der Qualität der Muster entsprechen müssen.

12. Der Hersteller wird Ihnen die Ware nicht vor Ende März schicken können.

13. Wir hoffen, dass unsere Preise Sie veranlassen werden, uns einen ersten Auftrag zu erteilen.

14. Nächsten Monat werde ich nicht in der Lage sein, Ihnen ein ebenso günstiges Angebot zu unterbreiten.

15. Ich werde Ihnen den Betrag von ... gutschreiben.

16. Ihr Angebot wird sehr günstig sein müssen, weil die Konkurrenz auf unserem Markt sehr groß ist.

17. Alle unsere Fabrikanten werden ihre Preise bald um 5 % erhöhen.

18. Sie werden Ihre Preise um 3 % ermäßigen müssen.

19. Wir werden Ihnen den neuen Auftrag in den nächsten Tagen schicken.

20. Wir sind überzeugt, dass Sie mit der Qualität dieses Artikels zufrieden sein werden.

21. Ich werde Ihnen in den nächsten Tagen eine Kopie der Versicherungspolice zuschicken.

22. Wir eröffnen das Akkreditiv einen Monat vor Versand der Ware.

23. Wir sind sicher, dass sich unsere Kunden für Ihre Angebote interessieren werden.

24. Der Fabrikant wird seine gegenwärtigen Preise nicht aufrechterhalten können.

____

25. Morgen werde ich die Ersatzteile per Luftfracht schicken.

____

26. Ich werde Ihnen einen Einführungsrabatt von 4 % gewähren.

____

27. Unser Fabrikant wird dieses Modell nicht mehr herstellen.

____

28. In dem Prospekt finden Sie alle technischen Einzelheiten, die Sie benötigen.

____

29. Da der Auftrag sehr groß ist, müssen wir Sie darauf aufmerksam machen, dass wir mehrere Teilverladungen nicht werden vermeiden können.

____

____

30. Ich werde die Sendung gegen alle Risiken versichern.

____

16 Das Adverb

Das **Adverb** (Umstandswort) kann im Deutschen wie im Italienischen **bestimmen:**

ein **Verb**	(Wir prüfen alle Angebote sorgfältig)
ein **Adjektiv**	(Die Lieferfristen sind verhältnismäßig lang)
ein **anderes Adverb**	(Wir prüfen alle Angebote sehr sorgfältig)

Im Deutschen kann jedes Adjektiv unverändert als Adverb verwendet werden. Im Italienischen gibt es:

Ursprüngliche Adverbien (già, molto, qui ecc.)
Abgeleitete Adverbien (von Adjektiven)

Das **abgeleitete Adverb** wird gebildet durch

das **Adjektiv + ... mente**

Adjektiv	auf **-o**	Adverb auf **-amente**
	ver**o**	ver**amente** (wirklich)
Adjektiv	auf **-e**	Adverb auf **-emente**
	veloc**e**	veloc**emente** (schnell)

Bei Adjektiven auf -le oder -re, entfällt das »e« vor -mente:

facile	facilmente (leicht)
regolare	regolarmente (regelmäßig)

Alle Adverbien sind unveränderlich!

Achtung:
Die Adjektive »buono« und »cattivo« haben keine abgeleiten Adverbien. Die entsprechenden Adverbien lauten »bene« und »male«.

Beachten Sie bitte die feststehenden Verbindungen:
comprare caro / a prezzo alto (teuer kaufen)
vendere caro / a prezzo alto (teuer verkaufen)
costare caro (teuer sein)
comprare a prezzo basso / a buon prezzo (billig kaufen)
vendere a prezzo basso / a buon prezzo (billig verkaufen)

Stellung des Adverbs (Faustregeln):

In Bezug auf ein Verb (konjugiertes Verb oder Infinitiv):
Das Adverb steht im Allgemeinem nach dem Verb.
Beispiele: Esaminiamo accuratamente l'offerta.
Esaminiamo l'offerta accuratamente.

Dovrete imballare la merce con cura.
Dovrete imballare con cura la merce.

Bei zusammengesetzten Zeiten steht das Adverb im Allgemeinem nach dem Partizip.
Beispiel: Abbiamo esaminato l'offerta accuratamente.
Abbiamo esaminato accuratamente l'offerta.

In Bezug auf ein Adjektiv oder ein anderes Adverb
Das Adverb steht vor dem Bezugswort.
Beispiele: Esamineremo le offerte molto accuratamente.
I termini di consegna sono relativamente lunghi.

Zeit- und Ortsadverbien stehen in der Regel am Anfang oder am Ende des Satzes.
Beispiel: La merce è arrivata ieri.
Domani Vi spediremo la merce.

»Purtroppo« steht in der Regel am Anfang des Satzes.
Beispiel: Purtroppo, non siamo in grado di consegnare le merci che Voi avete ordinato.

Vielfach steht nur ein präpositionaler Ausdruck zur Verfügung:

z. B.:	in tempo	(rechtzeitig)
	a buon prezzo	(billig)
	a basso prezzo	(billig)
	per caso	(zufällig)

Vokabeln

abnehmen	**prendere in consegna, ritirare**
Absicht	**l'intenzione (f.)**
die A. haben, etw. zu tun	**avere (l')intenzione di fare qcosa**
andere, r, s	**altro**
Ankunft	**l'arrivo**
ausreichend	**sufficiente**
äußerst (Adv.)	**estremamente**
bedauern, zu tun	**dispiacere / rincrescere di fare**
wir bedauern ...	**ci dispiace / ci rincresce di (nur 3. Pers. sing.)**
besonders (Adv.)	**particolarmente**
bestellen	**ordinare**
Bestimmungshafen	**il porto di destinazione**
Bestimmungsort	**il luogo di destinazione**
beträchtlich	**considerevole**
beträchtlich (Adv.)	**considerevolmente**
billig (Adv.)	**a basso prezzo, a buon prezzo, a buon mercato**
billig kaufen	**comprare a basso prezzo**
billig verkaufen	**vendere a basso prezzo**
entsprechend (Adv.)	**conformemente**
a erwähnen	**menzionare**
gemäß	**secondo, conformemente a**
genau, richtig	**giusto, esatto**
genau, streng (Adv.)	**rigorosamente, strettamente**
genug	**abbastanza**
gewiss (Adv.)	**certamente, sicuramente**
gleich (Adv.)	**immediatamente**
gut (Adv.)	**bene**
sich irren	**sbagliarsi**
Juni	**giugno**
Kaffee	**il caffè**
kontrollieren	**controllare**
kurz	**breve, corto**
kürzlich (Adv.)	**poco tempo fa, recentemente**
Lage	**la situazione**
lebhaft (Adv.)	**vivamente**
leicht (Adv.)	**facilmente**
Marktlage	**la situazione del mercato**
Nachricht	**la notizia**
N. von Ihnen erhalten	**ricevere Vostre notizie**
Partie	**la partita**
preiswert	**a buon mercato, economico**
Produktion	**la produzione**
prompt	**pronto**
pünktlich (Adv.)	**puntualmente**
regelmäßig	**regolare**
Reis	**il riso**
schlecht (Adv.)	**male**
schnell (Adj.)	**rapido, veloce**
schnell (Adv.)	**rapidamente, velocemente**
sorgfältig (Adj.)	**accurato**
sorgfältig (Adv.)	**accuratamente / con cura**
ständig (Adv.)	**continuamente**
teuer (Adj. und Adv.)	**caro**
teuer kaufen	**comprare caro / a prezzo alto**
teuer verkaufen	**vendere caro / a prezzo alto**
umladen	**trasbordare**
unbedingt (Adv.)	**assolutamente**
unmittelbar nach	**immediatamente / subito dopo**
verhältnismäßig (Adv.)	**relativamente**
verpacken	**imballare**
wahrscheinlich (Adv.)	**probabilmente**
wirklich (Adv.)	**realmente, veramente**
ziemlich	**abbastanza**
zufällig	**per caso**

Übungen

Setzen Sie das abgeleitete Adverb ein:

1. Imballiamo la merce. (accurato)

____

2. Questi articoli ci interessano. (particolare)

____

3. I prezzi sono favorevoli. (estremo)

____

4. Al fabbricante dispiace di non potere accettare la Vostra proposta. (vivo)

____

5. Le offerte che noi Vi sottoponiamo sono favorevoli. (assoluto)

____

6. Ci hanno passato ordini. (regolare)

____

7. I nostri clienti hanno difficoltà con questo articolo. (continuo)

____

8. La qualità del riso è buona. (vero)

____

9. Dovrete osservare le nostre istruzioni. (stretto)

____

10. I nostri ritardi nella spedizione sono brevi. (relativo)

____

Übersetzen Sie:

1. Wir haben die Ware sorgfaltig verpackt.

____

2. Dieses Modell verkauft sich schlecht auf unserem Markt.

____

3. Da Sie diese Ware ziemlich teuer verkaufen, wenden wir uns an einen anderen Fabrikanten.

____

4. Wir werden Ihre Aufträge immer prompt ausführen.

____

5. Dieser Artikel hat sich immer leicht verkauft.

____

6. Sie haben die Ware schlecht verpackt.

____

7. Wir hoffen, bald von Ihnen Nachricht zu erhalten.

____

8. Wir haben kürzlich unsere Preise um 3 % erhöht.

____

9. Ich muss Ihnen leider mitteilen, dass ich nicht in der Lage bin, die gegenwärtigen Preise aufrechtzuerhalten.

____

10. Unser Fabrikant teilt uns mit, dass er die Produktion des erwähnten Artikels beträchtlich erhöht hat.

____

11. Sie haben sich sicherlich geirrt.

____

12. Wir haben diese Partien ziemlich leicht verkaufen können.

____

13. Die Waren entsprechen nicht genau den Mustern, die Sie uns vor einigen Wochen geschickt haben.

____

14. Wir haben Ihnen regelmäßig unsere Prospekte und Preislisten zukommen lassen.

____

15. Die Preise für Kaffee und Tee sind im diesem Jahr besonders günstig.

____

16. Sie müssen unsere Versandanweisungen unbedingt beachten.

____

17. Teilen Sie uns bitte mit, für welchen Artikel Sie sich besonders interessieren.

____

18. Die Preise für Reis dieser Qualität sind beträchtlich gestiegen.

____

19. Wir haben Ihre Rechnung sehr sorgfältig geprüft.

20. Wir können Ihnen die Hälfte der bestellten Ware sofort liefern.

21. Die Angebote Nr. 34 / 8 und 35 / 98 interessieren uns besonders.

22. Wir bedauern lebhaft, die Ware nicht abnehmen zu können.

23. Bitte teilen Sie uns sofort die Ankunft der Sendung am Bestimmungsort mit.

24. Sie werden die Ware sehr sorgfältig verpacken müssen.

25. Wir können Ihnen leider den gewünschten Rabatt nicht gewähren.

26. Wir haben ständig Schwierigkeiten mit diesen Modell.

27. Die Marktlage ist schlecht, und deshalb verkauft sich dieser Artikel nicht besonders gut.

28. Wir werden wahrscheinlich die Sendung in Mailand umladen müssen.

29. Der Fabrikant wird wahrscheinlich nicht in der Lage sein, den Auftrag pünktlich vor Ende Juni auszuführen.

30. Unmittelbar nach Erhalt haben wir die Ware sehr sorgfältig überprüft.

17 Zwei Objektpronomina im Aussagesatz

Treffen Dativ- und Akkusativpronomina zusammen, so steht IMMER das Dativobjekt vor dem Akkusativobjekt. Dabei wird das »i« der Dativpronomina »mi«, »ti«, »ci«, »vi« in ein »e« verwandelt (»me«, »te«, »ce«, »ve«):

Beispiel: Er schickt mir (Dat.) den Artikel (Akk.).

Lui **me** **lo** manda. (Er schickt ihn mir.)

Wenn der Dativ der 3. Person im Singular oder Plural und ein Akkusativpronomen zusammentreffen, verschmelzen sie zu einem Wort:

Beispiel: Er schickt ihm (Dat.) den Artikel (Akk.).

Lui GLIELO manda. (Er schickt ihn ihm.)

Die Dativpronomina haben also vor den Akkusativpronomina folgende Formen:

Singular	lo	la	li	le
mi (mir)	**me lo**	**me la**	**me li**	**me le**
ti (dir)	**te lo**	**te la**	**te li**	**te le**
gli (ihm) le (ihr) Le (Ihnen)	**glielo**	**gliela**	**glieli**	**gliele**
Plural				
ci (uns)	**ce lo**	**ce la**	**ce li**	**ce le**
vi (euch, Ihnen)	**ve lo**	**ve la**	**ve li**	**ve le**
gli (ihnen)	**glielo**	**gliela**	**glieli**	**gliele**
si (sich)	**se lo**	**se la**	**se li**	**se le**

Für die **3. Person Plural** (ihnen) kann statt »gli« auch »loro« gebraucht werden (s. Lektion 10).

Mandiamo i campioni ai compratori.
Noi glieli mandiamo. / Noi li mandiamo loro.

(Auch für diese Personalpronomina gelten die Regeln wie bei den anderen Personalpronomina; vgl. Lektion 9 und Lektion 14).

Vokabeln

absetzen	**smerciare, vendere**
Afrika	**l'Africa**
in Afrika	**in Africa**
Angebot über	**l'offerta di / per**
annehmen, vermuten	**pensare, supporre (s. porre)**
Arbeit	**il lavoro**
Auskunft	**l'informazione (f.)**
betreffend (Adj.)	**in questione**
der b. Artikel	**l'art. in questione**
dringend etw. brauchen	**avere urgente bisogno di qcosa**
es gibt	**c'è (Sing.), ci sono (Pl.) c'è un ordine, ci sono degli ordini**
finanziell	**finanziario**
Frucht	**il frutto**
Geschäft	**l'affare (m.)**
e. gutes G. machen	**fare un buon affare**
e. schlechtes G. machen	**fare un cattivo affare**
gewisse(r)	**certo**
Herstellung	**la fabbricazione, la produzione**
italienisch	**italiano**
die meisten (+ Subst.)	**la maggior parte di**
meistens	**per lo più, quasi sempre**
mitteilen	**comunicare**
Obst	**la frutta**
ohne	**senza**
Referenzen	**le referenze**
regeln	**regolare**
Saison	**la stagione**
Schwierigkeiten haben,	**avere (delle) difficoltà**
etwas zu tun	**a fare qcosa**
so viel	**tanto**
Sprache	**la lingua**
vermuten	**supporre (s. porre)**
verschieden	**differente, diverso**
weitere	**altri / e; ulteriori**
zusätzlich (Adj.)	**addizionale, supplementare**

Übungen

Ersetzen Sie die Personalpronomina:

Spediamo la merce ai nostri clienti. – Gliela spediamo.

1. Ha scritto l' e-mail al suo rappresentante. ______________________
2. Il cliente passa un ordine importante alla ditta Rossi. ______________________
3. Per favore, vogliate mandare i Vostri ultimi listini al compratore. ______________________
4. Mandiamo il catalogo alle ditte. ______________________
5. Il venditore manda le merci al compratore. ______________________
6. Voi concedete alle ditte sconti interessanti. ______________________
7. Io mando delle offerte ai rappresentanti. ______________________
8. Non possiamo più offrire questo articolo alla ditta X. ______________________

Ersetzen Sie das substantivische Akkusativobjekt durch das entsprechende Personalpronomen:

1. Vi manderemo la fattura in triplice copia. ______________________
2. Ci offrono uno sconto del 3 %. ______________________
3. Ti manderò le merci il più presto possibile. ______________________
4. Le scriverò la lettera il più presto possibile. ______________________
5. Manderemo loro la risposta a giro di posta. ______________________
6. Mi vuole fare una nuova offerta. ______________________

7. Vogliate mandarci il Vostro catalogo illustrato. ____________________

8. Dovete indicarci gli sconti sui prezzi di listino. ____________________

9. Il fabbricante ci comunica i prezzi. ____________________

10. Vi accorderemo crediti importanti. ____________________

11. Non ci possono più mandare l'articolo XY e l'articolo XYZ. ____________________

12. Non Vi potremo mandare questo articolo prima della fine di luglio. ____________________

Übersetzen Sie:

1. ... diese Waren. Sie haben sie uns angeboten.

____

2. ... die Preislisten. Wir werden sie vor dem 15. Juni nicht schicken können.

____

3. ... die E-Mail. Bitte schreiben Sie sie ihm!

____

4. ... die Artikel. Wir haben sie noch nicht von (da) ihnen erhalten.

____

5. ... die Kataloge. Sie haben uns versprochen, sie uns am 3. September (il 3 settembre) zu schicken.

____

6. ... den Rabatt. Der Fabrikant ist bereit, ihn Ihnen zu gewähren, wenn Sie 1.000 Stück bestellen.

____

7. ... die Muster. Wir bitten Sie, sie uns so schnell wie möglich zu schicken.

____

8. ... günstige Angebote. Die Firma Rossi hat sie uns unterbreitet.

____

9. ... weitere Rabatte. Leider sind wir nicht in der Lage, sie Ihnen zu gewähren.

____

10. ... 2 Tonnen Kaffee. Ich kann sie Ihnen kurzfristig liefern.

____

11. ... dieses Modell. Zahlreiche Firmen können es Ihnen anbieten.

____

12. ... einige Kataloge. Sie werden sie uns in italienischer Sprache schicken.

____

13. ... diese Artikel. Die Firma Rossi bietet sie uns zu sehr günstigen Preisen an.

____

14. Wann hat er es Ihnen mitgeteilt?

____

15. Unser Kunde hat finanzielle Schwierigkeiten.

____

16. Wir haben uns schon mit verschiedenen Fabrikanten in Verbindung gesetzt.

____

17. Es wird schwierig sein, Käufer für solche Artikel zu finden.

____

18. Die meisten Kunden wollen nur eine Ware erster Qualität.

____

19. Der Fabrikant hat uns mitgeteilt, dass er keine Kataloge mehr in italienischer Sprache hat.

20. Die Sendung enthält mehrere Artikel, die ich nicht bestellt habe.

21. Da ich keine Ware mehr am Lager habe, bitte ich Sie, meinen Auftrag so schnell wie möglich auszuführen.

22. Wir müssen Ihnen leider mitteilen, dass wir nur wenige Artikel dieser Qualität auf Lager haben.

23. Ich werde große Schwierigkeiten haben, die Ware zu (a) diesen Bedingungen abzusetzen.

24. Wir haben in der letzten Saison gute Geschäfte mit diesem Artikel gemacht.

25. Die meisten Artikel entsprechen nicht dem Muster.

26. Wir haben so viele Schwierigkeiten mit der Herstellung des Artikels gehabt, dass wir ihn nicht vor Ende Juni liefern konnen.

27. Wir werden uns erlauben, Ihnen auch Angebote für andere Artikel zu unterbreiten.

28. Wir haben soeben erfahren, dass mehrere Kunden mit der Qualität der gelieferten Ware nicht zufrieden sind.

29. Wir werden Ihnen einige Kataloge in italienischer Sprache schicken.

30. Wir nehmen an, dass Sie keine Schwierigkeiten haben werden, diese Angelegenheit zu regeln.

31. Wir können Ihnen sehr gute Referenzen in Italien nennen (angeben).

32. Wir haben die Absicht, Ihnen größere Aufträge zu erteilen.

33. Ich habe noch genügend Ersatzteile auf Lager.

34. Wir benötigen gewisse zusätzliche Auskünfte.

35. Bitte schicken Sie uns einige Exemplare Ihres illustrierten Katalogs.

36. Wir hoffen, dass Sie die betreffenden Weine zu günstigen Preisen anbieten können.

37. Wir haben augenblicklich keine Ersatzteile auf Lager.

38. Können Sie diese Qualität zu konkurrenzfähigen Preisen liefern?

18 Imperfekt und Plusquamperfekt

18.1 Imperfekt

Das Imperfekt wird gebildet, indem das -re des Infinitivs ersetzt wird durch die Imperfektendungen: -vo, -vi, -va, -vamo, -vate, -vano.

comprare

io	compr**a**vo (ich kaufte)	noi	compr**a**vamo
tu	compr**a**vi	voi	compr**a**vate
lui / lei	compr**a**va	loro	compr**a**vano

Entsprechend:
scriv**e**re: scriv**e**vo, scriv**e**vi, scriv**e**va, scriv**e**vamo, scriv**e**vate, scriv**e**vano

sped**i**re: sped**i**vo, sped**i**vi, sped**i**va, sped**i**vamo, sped**i**vate, sped**i**vano

Ausnahme: essere ero (ich war) eravamo
eri eravate
era erano

Sonderformen: fare / facevo
dire / dicevo
introdurre / introducevo (so auch: produrre, ridurre, usw.)
porre / ponevo (so auch: proporre, sottoporre, usw.)

Das Imperfekt bezeichnet:
Vergangene Vorgänge, Zustände oder Handlungen, die nicht als abgeschlossen angesehen werden, die sich wiederholen und mehrere Vorgänge, die gleichzeitig nebeneinander verlaufen.

Beispiele: Si trattava di un ordine importante. (Es handelte sich um einen wichtigen Auftrag.)
Ci mandavano regolarmente ordini. (Regelmäßig schickten sie uns Aufträge.)
Il rappresentante parlava e gli altri lo ascoltavano. (Der Vertreter sprach und die anderen hörten ihm zu.)

Zum Gebrauch von Imperfekt und Perfekt:
Wird eine Handlung von einer anderen unterbrochen, so steht die noch nicht abgeschlossene im Imperfekt, die neu einsetzende im Perfekt:

Parlavo con il rappresentante, quando è arrivato il sig. Rossi. (Ich sprach mit dem Vertreter als Herr Rossi kam.)
Mentre leggevo la lettera è arrivato il Vostro fax. (Während ich den Brief las, ist Ihr Fax angekommen.)

Wenn mehrere endgültig abgeschlossene Vorgänge aufeinanderfolgen, stehen sie alle im Perfekt:

La Vostra lettera è arrivata il 15 c.m., abbiamo imballato la merce il 21 e l'abbiamo consegnata il 25.

18.2 Plusquamperfekt

Das Plusquamperfekt wird mit dem Imperfekt von »avere« oder »essere« + 2. Partizip gebildet.

avere

avevo	scritto (ich hatte geschrieben)	**avevamo**	scritto
avevi	scritto	**avevate**	scritto
aveva	scritto	**avevano**	scritto

essere

ero	arrivato / a (ich war angekommen)	**eravamo**	arrivati / e
eri	arrivato / a	**eravate**	arrivati / e
era	arrivato / a	**erano**	arrivati / e

Plusquamperfekt
Im Italienischen bezeichnet das Plusquamperfekt eine Handlung in der Vergangenheit, die sich vor einer abgeschlossenen Handlung vollzogen hat.

Quando sono arrivato, la posta era già arrivata. Als ich ankam, war die Post schon eingegangen.

Vokabeln

abfahren	**partire**
annullieren	**annullare**
Anzahl	**il numero**
Ausnahmerabatt	**il ribasso eccezionale, il r. speciale**
ausverkauft	**esaurito**
befolgen (Anweisungen)	**seguire (le istruzioni)**
jdm. dankbar sein	**essere grato a qcuno**
Datum	**la data**
Direktor	**il direttore**
Ernte	**il raccolto**
falls	**se**
fest (Adj.)	**fisso, solido**
Gegenvorschlag	**la controproposta**
Interesse	**l'interesse (m.)**
Lagerschuppen	**il deposito, il magazzino**
minder(wertig)	**(di qualità) inferiore a**
mindestens	**almeno, come minimo**
Möglichkeit	**la possibilità**
notwendig	**necessario**
rechnen mit	**contare su, fare conto su**
Sekretärin	**la segretaria**
so	**così**
Spediteur	**lo spedizioniere**
Umladung	**il trasbordo**
jdm. verbunden sein	**essere obbligato verso qcuno**
es versteht sich v. selbst	**è ovvio, si capisce, va da sè**
Verzollung	**lo sdoganamento**
via	**via**
vorher	**prima**
während	**mentre**
wissen lassen	**fare sapere**
Wunsch	**il desiderio**
Zoll	**la dogana**
Zollgebiet	**l'area doganale, la zona doganale**
Zollschuppen	**il magazzino doganale**

Übungen

Setzen Sie das Imperfekt ein:

(Noi-pagare) sempre dopo il ricevimento della merce. – Pagavamo sempre dopo il ricevimento della merce.

1. (Voi-dovere) seguire le nostre istruzioni.

____

2. I clienti tedeschi (ordinare) sempre questo modello perché il suo prezzo (essere) molto conveniente.

____

3. Quando (io-lavorare) in Italia, (io-parlare) sempre in italiano.

____

4. La qualità della merce non (corrispondere) alla qualità del campione.

____

5. Il modello XY (vendersi) molto bene nel nostro mercato.

____

6. Le Vostre condizioni non (corrispondere) ai nostri desideri.

____

7. Mentre (noi-parlare) al telefono con il nostro cliente, è arrivata la sua e-mail.

____

8. (Noi-essere) convinti che questo articolo (essere) di eccezionale qualità.

____

9. La Banca XY (occuparsi) dei nostri interessi in Germania.

____

10. (Voi-dovere) rivolgerVi alla sig.ra Rossi, non al sig. Bianchi.

____

Setzen Sie das Plusquamperfekt ein:

1. Non ho visto il sig. Rossi perché quando sono arrivato lui _______________ già _______________ (partire)
2. Ieri abbiamo risposto alle e-mail che _______________ tre giorni fa. (ricevere)
3. Voi non avete seguito le istruzioni che Vi _______________ il 15 c.m. (noi-dare)
4. Non abbiamo ancora ricevuto la merce che Vi _______________ (noi-ordinare)
5. _______________ di spedirci la merce entro l'8 c.m., ma purtroppo non l'avete ancora fatto. (Voi-promettere)

Setzen Sie folgende Sätze in die Vergangenheit:

1. I clienti sono soddisfatti della merce che gli abbiamo mandato.

____

2. Eseguiamo l'ordine che ci avete passato il 3. u.sc.

____

3. I clienti non accettano le condizioni che gli abbiamo proposto.

____

4. Vi inviamo i campioni che ci avete richiesto.

____

5. Abbiamo urgente bisogno della merce che Vi abbiamo ordinato in data 15.6. ... .

6. Il direttore legge le e-mail che sono arrivate.

7. Gli articoli che sono arrivati con l'ultima spedizione si vendono molto bene.

8. Gli articoli XY e YZ non corrispondono alla qualità dei campioni che ci avete mandato il 5. u. sc.

9. Le casse che ci avete spedito in data 6.9. ... sono in buone condizioni.

10. Non possiamo concedergli lo sconto e così non ci vogliono passare l'ordine.

Übersetzen Sie:

1. Wir hatten große Schwierigkeiten, dieses Modell zu verkaufen.

2. Der deutsche Kunde bestellte immer 1.000 Stück, die wir ohne große Schwierigkeiten liefern konnten.

3. Während ich mit dem Vertreter sprach, prüfte die Sekretärin die neuen Bedingungen.

4. Wir schickten die Waren mit dem Spediteur XY, weil er billig und schnell war.

5. Die Artikel entsprachen nicht der Qualität der Muster, die Sie uns geschickt hatten.

6. Die Qualität der Ware war sehr schlecht. Deshalb konnten wir sie nicht verkaufen.

7. Wir benötigten die Ware bis zum 25. d. M.

8. Die Muster, die Sie uns geschickt hatten, waren von besserer Qualität.

9. Ihren Auftrag konnten wir nicht annehmen, weil unsere Produkte schon ausverkauft waren.

10. Leider waren wir nicht mehr in der Lage, das Modell XY zu liefern.

11. In den Prospekten, die Sie uns regelmäßig schickten, fanden wir alle technische Einzelheiten, die wir benötigten.

12. Sie mussten Ihre Preise ermäßigen, um der Konkurrenz standhalten zu können.

13. Auf unserem Markt war die Konkurrenz sehr stark.

14. Die Bedingungen, die sie uns unterbreitet hatten, waren nicht konkurrenzfähig.

15. Wir hatten die Absicht, Ihnen größere Aufträge zu erteilen.

16. Ich hatte noch zahlreiche Ersatzteile am Lager.

____

17. Wir schickten ihnen regelmäßig einige Exemplare unseres illustrierten Katalogs.

____

18. Während ich mit ihr sprach, kam der neue Vertreter der Firma Rossi an.

____

19 Konditional I und Konditional II

19.1 Konditional I

Das Konditional I wird mit dem Futurstamm + folgenden Endungen
(die gleich für alle Verben sind) gebildet: **-ei, -esti, -ebbe, -emmo, -este, -ebbero.**

Infinitiv	Futur	Konditional I	
compr**are**	compr**erò**	compr**erei**	(ich würde kaufen)
vend**ere**	vend**erò**	vend**erei**	(ich würde verkaufen)
sped**ire**	sped**irò**	sped**irei**	(ich würde schicken)

Entsprechend:

andare	andr	
avere	avr	**– ei**
dare	dar	
dovere	dovr	
essere	sar	**– esti**
fabbricare	fabbricher	
fare	far	
introdurre	introdurr	**– ebbe**
pagare	pagher	
porre	porr	
potere	potr	**– emmo**
sapere	sapr	
stare	star	
rimanere	rimarr	**– este**
tenere	terr	
vedere	vedr	
venire	verr	**– ebbero**
volere	vorr	

Das Konditional I wird oft zum Ausdruck der Höflichkeit, der Möglichkeit oder der Bitte verwendet.

Beispiel: Potreste inviarci qualche campione? Könnten Sie uns einige Muster schicken?

Ferner wird das Konditional verwendet, um einen Wunsch, einen Zweifel oder eine Annahme auszudrücken:

Wunsch: Saremmo lieti di ricevere Vostre notizie.
Wir würden uns freuen Ihre Nachrichten zu bekommen.

Zweifel: ... il fabbricante potrebbe forse accordarVi uno sconto.
... der Fabrikant könnte Ihnen vielleicht einen Skonto gewähren.

Annahme: Direi che sarebbe meglio parlare con il direttore prima di decidere.
Ich bin der Meinung, dass es besser wäre, vor der Entscheidung mit dem Direktor zu sprechen.

Es wird oft gebraucht, um Angaben ohne Gewähr auszudrücken (wie im Deutschen »sollen«).

Beispiel: La consegna dovrebbe avvenire 10 giorni dopo il ricevimento dell'ordine.
Die Lieferung soll 10 Tage nach Auftragserhalt erfolgen.

Das Konditional I bezieht sich auf die Gegenwart oder Zukunft: Es entspricht oft dem deutschem Konjunktiv II der Gegenwart.

19.2 Konditional II

Das Konditional II wird mit dem Konditional I von »avere« oder »essere« + das Part. Perf. gebildet.

avrei	scritto (ich hätte geschrieben)	**avremmo**	scritto
avresti	scritto	**avreste**	scritto
avrebbe	scritto	**avrebbero**	scritto
sarei	stato / a (ich wäre gewesen)	**saremmo**	stati / e
saresti	stato / a	**sareste**	stati / e
sarebbe	stato / a	**sarebbero**	stati / e

Das Konditional II bezieht sich auf die Vergangenheit: Es entspricht oft dem deutschen Konjunktiv II der Vergangenheit.

Beispiel: Avreste dovuto farcelo sapere in tempo.
Sie hätten es uns rechtzeitig wissen lassen müssen.

Vokabeln

anrufen, jdn. a.	**telefonare a qcuno**
auch	**anche**
aufgrund	**a causa di**
Auftragserhalt	**il ricevimento dell'ordine**
Behörden	**le autorità (Pl. f.)**
Dokument	**il documento**
erfolgen	**avvenire (a+venire), avere luogo**
frei (z. B. Grenze)	**franco (p. es. confine)**
freundlich	**gentile (essere così g. da fare qcosa)**
gerne	**volentieri**
gewöhnlich (Adv.)	**di solito**
glauben	**credere, pensare**
Grenze	**il confine, la frontiera**
noch einmal	**ancora una volta**
normal	**normale**
nun	**ormai**
reich	**ricco**
sämtliche	**tutti i, tutte le**
spät	**tardi**
Situation	**la situazione**
unterschreiben	**firmare**
Verfügung	**la disposizione**
jdm. etw. zur V. stellen	**mettere qcosa a d. di qcuno**
versuchen zu tun	**cercare di fare**
Vertrag	**il contratto**
vorlegen (präsentieren)	**presentare**
während	**durante (+ Subst.: durante la spedizione)**
wegen	**a causa di**
wieder	**ancora, di nuovo**
wünschen	**desiderare**
Zukunft	**l'avvenire (m.), il futuro**
in Zukunft	**in avvenire / futuro, per il futuro**

Übungen

Setzen Sie die richtige Form des Konditionals I ein:

1. ______________________ mandarci la merce entro il 15. c.m.? (potete-Voi)
2. Vi ______________________ di aspettare. (noi-consigliare)
3. In futuro ______________________ cercare di non commettere più tali errori. (Voi-dovere)
4. I nostri clienti ______________________ volentieri una grande quantità di questi articoli. (acquistare)
5. Voi che ______________________ in una tale situazione? (fare)
6. ______________________ lieti di ricevere presto Vostre notizie. (noi-essere)
7. Credo che a queste condizioni la banca Vi ______________________ un credito. (accordare)
8. Di solito la spedizione avviene il 15. Questo mese ______________________ avvenire il 20. (dovere)
9. ______________________ ordinarci 1.000 pezzi come minimo. (Voi-dovere)
10. A queste condizioni, noi non ______________________ passarVi l'ordine. (potere)
11. ______________________ bisogno dell'articolo XY il più presto possibile. (noi-avere)
12. Quando arriva il sig. Rossi? ______________________ arrivare il 21. (lui-dovere)
13. ______________________ volentieri le condizioni di vendita, ma ormai è troppo tardi per farlo. (noi-cambiare)
14. Credete che ci ______________________ un ordine importante? (loro-passare)
15. ______________________ chiederVi di cambiare le condizioni di consegna. (noi-volere)
16. ______________________ così gentili da risponderci a stretto giro di posta? (Voi-essere)
17. ______________________ avere Vostre notizie il più presto possibile. (noi-desiderare)
18. ______________________ parlare con il sig. Rossi. (io-desiderare)
19. ______________________ ricevere un catalogo illustrato. (noi-volere)
20. ______________________ lieti di ricevere presto Vostre notizie. (loro-essere)

Setzen Sie die richtige Form des Konditionals II ein:

1. (Voi) ______________________ al sig. Rossi, non al sig. Bianchi. (dovere-rivolgersi)
2. Il rappresentante ______________________ telefonare ieri, ma non l'ha fatto. (dovere)
3. Vi ______________________ prima, ma purtroppo non abbiamo potuto. (noi-scrivere)
4. ______________________, ma purtoppo non lo sapevano. (loro-venire)
5. Lo ______________________ volentieri, ma sono arrivato troppo tardi. (vedere)
6. Senza il credito della banca, non ______________________ mai pagare. (noi-potere)
7. Vi ______________________ un ordine, ma le Vostre condizioni di consegna non sono troppo favorevoli. (noi-passare)
8. ______________________ la spedizione. Purtroppo però la qualità non corrispondeva ai campioni. (noi-accettare)
9. Vi ______________________ tutti i dettagli, ma purtroppo non li avete chiesti. (noi-dare)
10. I clienti Vi ______________________ altri ordini. Purtroppo non avete voluto abbassare i Vostri prezzi. (passare)

Übersetzen Sie:

1. Dieses Geschäft könnte für uns interessant sein.

2. Dieser Artikel würde sich auch auf dem italienischem Markt gut verkaufen.

3. Wir möchten wissen, ob der Vertreter angekommen ist.

4. Könnten Sie mit dem Hersteller wieder Kontakt aufnehmen? Wir werden es sofort tun.

5. Wir möchten gerne alle technischen Einzelheiten dieses Modells wissen, weil es uns sehr interessiert.

6. Wir würden es ihm nicht sagen.

7. Könnten Sie ihn fragen?

8. Wir würden uns freuen, so bald wie möglich von Ihnen Nachricht zu erhalten.

9. Wir möchten weitere Auskünfte haben, könnten Sie sie so schnell wie möglich schicken?

10. Bitte lassen Sie uns die Muster zukommen; wir möchten sie gerne prüfen.

11. Wir hätten dieses Modell gern bestellt; leider sind Ihre Liefertermine zu lang.

12. Ich glaube, dass in diesem Fall der Fabrikant Ihnen einen Rabatt gewähren könnte.

13. Warum haben Sie uns nicht angerufen? Wir hätten es gern getan.

14. Wir könnten diesen Artikel sicherlich ohne Schwierigkeiten verkaufen.

15. Wir hätten Ihnen den Auftrag erteilen können, Ihre Gegenvorschläge sind leider nicht rechtzeitig angekommen.

16. Die Waren wären in gutem Zustand angekommen, leider haben Sie sie nicht sorgfältig verpackt.

17. Die Lieferung der Ware könnte in zwei Teilen erfolgen.

18. Die Lieferung der bestellten Artikel soll bis 10.5.2... erfolgen.

19. Wir möchten die fehlenden Artikel so schnell wie möglich erhalten.

20 Steigerung und Vergleich – Das substantivische Demonstrativpronomen

20.1 Steigerung

Die Steigerung des Adjektivs und des Adverbs wird mit »più« oder »meno« gebildet.	
Positiv (Grundform)	vantaggioso
Komparativ (Vergleichsstufe)	**più** vantaggioso (vorteilhafter) **meno** vantaggioso (weniger vorteilhaft)
Superlativ (Höchststufe)	**il** prezzo **più** vantaggioso (der vorteilhafteste Preis) **il** prezzo **meno** vantaggioso (der am wenigsten vorteilhafte Preis)
Steigerung des Adverbs	questo articolo si vende **più** facilmente (dieser Artikel verkauft sich leichter) questo articolo si vende **il più** facilmente (dieser Artikel verkauft sich am leichtesten)

Ausnahmen:

buono (Adj.) gut	migliore (più buono) besser
bene (Adv.) gut	meglio (più bene) besser
cattivo (Adj.) schlecht	peggiore (più cattivo) schlechter
male (Adv.) schlecht	peggio (più male) schlechter
molto (Adv.) viel	più mehr
poco (Adv.) wenig	meno weniger

Und:

grande	più grande maggiore	alto	più alto superiore
piccolo	più piccolo minore	basso	più basso inferiore

Beachten Sie: Das Adjektiv richtet sich auch im Komparativ und Superlativ in Geschlecht und Zahl nach dem Substantiv, auf das es sich bezieht.

Zum absoluten Superlativ: s. Anmerkung 4.

20.2 Vergleich

In einem Vergleichssatz entspricht dem deutschen »als«:

1. **»di«** bei einem Nomen, Zahlwort oder Pronomen.
   Beispiele: L'articolo XY è **più caro dell'**articolo XZ.
   I nostri prezzi sono **meno alti** dei loro.
   È rimasto **meno di** due ore.

2. **»che«** in allen anderen Fällen.
   Beispiele: È **più** probabile oggi **che** domani.
   Facciamo **più** affari con la ditta X **che** con la ditta Y.
   Abbiamo **meno** rappresentanti in Italia **che** in Germania.

Beachten Sie: Beim Vergleich zweier Nomen miteinanderer steht »che«:
z. B.: La Vostra offerta è **più** interessante **che** conveniente.
Abbiamo **più** articoli del modello XY **che** del modello XZ.

Dem deutschen »ebenso ... wie« entspricht im Italienischen: »(tanto) ... quanto« oder »(così) ... come«.
z. B.: I Vostri prezzi sono (tanto) alti quanto i loro.
I Vostri prezzi sono (così) alti come i loro.

20.3 Das substantivische Demonstrativpronomen

Um die Wiederholung von Substantiven (und das ist oft der Fall in Vergleichssätzen) zu vermeiden, ersetzt man das zweite Substantiv durch ein substantivisches Demonstrativpronomen (substantivisch, weil es ein Substantiv ersetzt).

Unsere Preise sind günstiger als die Preise der Konkurrenz.
Unsere Preise sind günstiger als die (jene) der Konkurrenz.

	maskulin	**feminin**
Singular	**quello**	**quella**
Plural	**quelli**	**quelle**

Beispiele:
1. Il prezzo dell'articolo XY è più basso di **quello** dell'articolo YZ.
   (Der Preis des Artikels XY ist niedriger als der des Artikels YZ.)
2. I nostri prezzi sono più convenienti di **quelli** della concorrenza.
   (Unsere Preise sind günstiger als die der Konkurrenz.)
3. La qualità dell'articolo XY è migliore di **quella** dell'articolo YZ.
   (Die Qualität des Artikels XY ist besser als die des Artikels XZ.)
4. Le condizioni della ditta R. sono più favorevoli di **quelle** della ditta B.
   (Die Bedingungen der Firma R. sind günstiger als die der Firma B.)

und: La qualità della merce non corrisponde a **quella** dei campioni.
Die Qualität der Ware entspricht nicht der der Muster.

Vokabeln

aber	**ma, però**
Absatz	**lo smercio, la vendita**
(im) Allgemeinen	**in generale**
Anstrengung	**lo sforzo**
Ausland	**l'estero**
im Ausland	**all'estero**
ausländisch	**straniero**
Autotransport	**il trasporto stradale/su strada**
Bahntransport	**il trasporto ferroviario/per ferrovia**
besagt	**detto**
besagter Artikel	**il detto articolo**
bisher	**finora**
ebenso ... wie	**(tanto) ... quanto; (così)... come**
einverstanden sein mit etw.	**essere d'accordo su qcosa**
einverstanden sein mit jdm.	**essere d'accordo con qcuno**
etwas (Adv.)	**un poco; un po'**
fraglich	**in questione**
fragliche Firma	**la ditta in questione**
Konkurrent / in	**il / la concorrente**
Kundenkreis	**la clientela**
künftig (Adj.)	**futuro**
künftig (Adv.)	**in avvenire / futuro, per il futuro**
Lufttransport	**il trasporto aereo, il trasporto per via aerea**
Mal	**la volta**
manchmal	**qualche volta, talvolta**
meisten, am m.	**di più, più di tutto**
Seetransport	**spedizone marittima, trasporto per / via mare**
sehr viel (länger)	**molto più (lungo)**
solide	**resistente**
stets	**sempre**
Transport	**il trasporto**
Umsatz	**il giro d'affari**
Unternehmen	**l'impresa**
zwar	**certamente, certo**

Übungen

Vergleichen Sie:

1. L'articolo AB si vende ________________ l'articolo BC. (facilmente)
2. Il prezzo dell'articolo CX è ________________ il prezzo dell'articolo. (alto)
3. La qualità dell'articolo DA è ________________ la qualità dell'articolo CP. (buona)
4. Le condizioni della ditta Rossi sono ________________ le condizioni della ditta Bianchi. (favorevole)
5. L'articolo B è ________________ l'articolo A. (a buon mercato)
6. Il trasporto per via aerea è ________________ il trasporto via mare. (rapido)
7. La posta aerea è ________________ la posta normale. (caro)
8. L'articolo PZ si vende ________________ l'articolo AZ. (bene)
9. Vogliate eseguire questo ordine ________________ l'ultimo. (accuratamente)
10. Il fabbricante ci ha promesso che la consegna della merce avverrà ________________ l'ultima volta. (prontamente)

Übersetzen Sie:

1. Wir haben die Ware zu einem günstigeren Preis kaufen können.

____

2. Ihre Preise sind weniger günstig als die Ihrer Konkurrenten.

____

3. Bitte teilen Sie uns Ihre kürzeste Lieferzeit mit.

____

4. Wir sind überzeugt, dass sich dieser Artikel leichter verkauft.

____

5. Welches sind Ihre günstigsten Bedingungen?

6. Ihre Lieferfristen sind leider sehr viel länger als die der Firma Rossi.

7. Informieren Sie uns bitte, wenn unsere Preise nicht ebenso günstig sind wie die unserer Konkurrenten.

8. Die Qualität dieser Ware ist weniger gut als die des Musters, das Sie uns vor zwei Wochen geschickt haben.

9. Sie werden größere Anstrengungen machen müssen, wenn Sie konkurrenzfähig bleiben wollen.

10. Wir hoffen, dass diese Waren einen schnelleren Absatz auf Ihrem Markt finden werden.

11. Im Allgemeinen sind unsere Preise nicht höher als die unserer Konkurrenten im Ausland.

12. Wir haben bisher mehr als 30 Kisten verkaufen können.

13. Wir bitten Sie, die Ware künftig sorgfältiger zu verpacken.

14. Meine Kunden interessieren sich nur für Waren der besten Qualität.

15. Da unser Kundenkreis größer geworden ist, bitten wir Sie, uns höhere Rabatte zu gewähren.

16. Wir können Ihnen heute die fraglichen Artikel zu einem günstigeren Preis anbieten als vor zwei Monaten.

17. Wir werden Ihnen die Ware so schnell wie möglich schicken.

18. Ich muss Ihnen leider mitteilen, dass ich Ihnen einen Rabatt von mehr als 3 % nicht gewähren kann.

19. Wir werden Ihre Auträge stets mit größter Sorgfalt ausführen.

20. Wir sind sicher, dass unsere Bedingungen ebenso günstig sind wie die unserer italienischen Konkurrenten.

21. Herr Rossi ist unser bester Vertreter in Afrika.

22. Der Artikel CX hat sich am besten verkauft.

23. Anbei eine Liste der Waren, die uns am meisten interessieren.

24. Wir bitten Sie, die Ware künftig in solidere Kisten zu verpacken als die, die Sie das letzte Mal genommen haben.

25. Unsere Kunden sind mit diesen Bedingungen nicht einverstanden, weil sie weniger günstig sind als die, die Sie vor einem Monat vorgeschlagen haben.

26. Es handelt sich hier um einen Artikel, der etwas teurer ist als der besagte Artikel CD.

27. Dieses Unternehm ist zwar recht klein, hat aber einen höheren Umsatz als viele größere Unternehmen der gleichen Branche.

____

28. Wir wissen, dass unsere Preise etwas höher sind als die der ausländischen Konkurrenz.

____

29. Bitte teilen Sie uns genauere Einzelheiten mit.

____

30. Wir sind bereit, Ihnen einen höheren Rabatt zu gewähren, wenn Sie größere Mengen bestellen.

____

21 Das Passiv

Das Aktiv (sogenannte Tätigkeitsform) und das Passiv (sogenannte Leideform) ermöglichen es, ein Geschehen (oder einen Zustand) aus zwei unterschiedlichen Perspektiven darzustellen.
Das Aktiv betont den Handelnden, den Verursacher, den »Täter«. Das Passiv stellt das Geschehen, den Vorgang in den Vordergrund (Vorgangspassiv).

Beispiel: Aktiv: Der Kunde erteilt einen Auftrag.
Passiv: Der Auftrag wird vom Kunden erteilt.

Aus dem Objekt des Aktivsatzes wird das Subjekt des Passivsatzes. Das Subjekt des Aktivsatzes wird zum präpositionalen Objekt des Passivsatzes.

Der Handelnde muss im Passivsatz nicht immer genannt werden:

Beispiel: Der Auftrag wird erteilt.

Das Passiv kann auch einen Zustand bezeichen (Zustandspassiv):

Beispiel: Die Ware ist schon verpackt.

Im Deutschen wird das Passiv mit dem Hilfsverb »werden« + 2. Partizip (Vorgangspassiv) oder durch das Hilfsverb »sein« + 2. Partizip (Zustandspassiv) gebildet.

Im Italienischen wird das Passiv mit dem Hilfsverb »essere« + 2. Partizip gebildet. In den einfachen Zeiten kann »venire« statt »essere« gebraucht werden, wenn es sich um ein Vorgangspassiv handelt.

Das Partizip richtet sich in Geschlecht und Zahl nach dem Subjekt.

Das präpositionale Objekt (der Handelnde) wird mit »da« angeschlossen.

Die für die Handelskorrespondenz wichtigsten Formen lauten:

Präsens:	La merce è venduta. (Die Ware ist verkauft.) La merce viene / è venduta dal fabbricante. (Die Ware wird vom Fabrikanten verkauft.)
Perfekt:	La merce è stata venduta. (Die Ware ist verkauft worden.)
Futur:	La merce sarà / verrà venduta. (Die Ware wird verkauft werden.)

Achtung: Enthält der Passivsatz ein Hilfsverb (dovere, potere ecc.), so heißt der Infinitiv: »essere« oder »venire« + 2. Partizip.

Beispiel: La merce deve essere / venire spedita dal fabbricante il più presto possibile.
(Die Ware muss vom Hersteller so bald wie möglich geschickt werden.)

Übersicht:

	Aktiv
Präsens	Il fabbricante vende la merce. (Der Hersteller verkauft die Ware.)
Parfekt	Il fabbricante ha venduto la merce. (Der Hersteller hat die Ware verkauft.)
Futur	Il fabbricante venderà la merce. (Der Hersteller wird die Ware verkaufen.)
Hilfsverb	Il fabbricante deve vendere la merce. (Der Hersteller muss die Ware verkaufen.)
	Passiv
Präsens	La merce è / viene venduta dal fabbricante. (Die Ware wird vom Hersteller verkauft.)
Perfekt	La merce è stata venduta dal fabbricante. (Die Ware ist vom Hersteller verkauft worden.)
Futur	La merce sarà / verrà venduta dal fabbricante. (Die Ware wird vom Hersteller verkauft werden.)
Hilfsverb	La merce deve essere / venire venduta dal fabbricante. (Die Ware muss vom Hersteller verkauft werden.)

Vokabeln

Abteilung	**il reparto**
Anwesenheit	**la presenza**
in A. von	**in presenza di**
Arbitrage	**l'arbitraggio**
aufgeben (Preise)	**fissare**
avisieren	**notificare**
beschädigen	**danneggiare**
einschließlich	**incluso**
entladen	**scaricare**
Entladung	**lo scaricamento, lo scarico**
erst	**solamente, solo, soltanto**
fortlaufend	**consecutivo**
Frachtrate	**il tasso di nolo, il t. di trasporto**
heute Morgen	**questa mattina, stamattina**
hinweisen auf	**attirare l'attenzione su qcosa**
Kaufvertrag	**il contratto di (compra)vendita**
Kontraktabschluss	**la stipula del contratto**
kostenlos	**gratuito**
man	**si**
Musterziehung	**la campionatura**
nummerieren	**numerare**
ordnungshalber	**per la (buona) regola**
Schaden	**il danno**
seemäßig	**marittimo**
sorgen	**provvedere a**
streng	**rigoroso, severo**
Teillieferung	**la consegna parziale**
vereinbart (Bedingung)	**concordato, pattuito**
Verladebahnhof	**la stazione di caricamento, la stazione di carico**
Verladehafen	**il porto d'imbarco**
verladen	**caricare, imbarcare (Schiff)**
versandbereit sein	**essere pronto per la spedizione**
versehen (markieren) mit	**munire (io munisco) di**
versiegeln mit	**sigillare con**
Zeichen	**il contassegno, il marchio**
ziehen (Muster)	**prelevare**
Zufriedenheit	**la soddisfazione**
zu unserer vollsten Z.	**con nostra piena soddisfazione**
zufriedenstellen	**soddisfare (Präs. io soddisfo, 2. Part. soddisfatto)**

Übungen

Bilden Sie das Passiv:

Beispiel: Si consegnerà la merce prima della fine del mese. – La merce sarà / verrà consegnata prima della fine del mese.

1. Si può spedire la merce.

____

2. Si dovrà imballare la merce con maggiore cura.

____

3. Si imballerà la merce con maggiore cura.

4. Si è imballata la merce con grande cura.

5. Si pagherà la fattura dopo il ricevimento della merce.

6. Si è eseguito l'ordine prontamente.

7. Si deve eseguire l'ordine il più presto possibile.

8. Si effettuerà la consegna fra qualche giorno.

9. Si potrà effettuare la consegna solamente a fine agosto.

10. Si immagazzinerà la merce qui a Milano.

Übersetzen Sie:

1. Die Ware wird morgen abgeschickt.

2. Die Kisten sind während des Transportes beschädigt worden.

3. Die Rechnung unserer letzten Lieferung ist noch nicht bezahlt worden.

4. Wir bedauern, Ihnen mitteilen zu müssen, dass dieser Artikel nicht mehr hergestellt wird.

5. Die Waren sind vor dem Versand geprüft worden.

6. Die Waren sind stets sorgfältig verpackt.

7. Die Artikel sind sorgfältig verpackt worden.

8. Die Lieferung der Waren muss cif Neapel (Napoli) vorgenommen werden.

9. Die Muster werden Ihnen morgen per Luftpost zugeschickt.

10. Leider können die Preise nicht herabgesetzt werden.

11. Einige Stücke sind während der Entladung beschädigt worden.

12. Der gleiche Artikel wird auch von anderen Lieferanten zu günstigeren Preisen angeboten.

13. Die Lieferung hat noch nicht vorgenommen werden können.

14. Wir möchten Ihnen mitteilen, dass die Versicherung hier in Bagdad gedeckt worden ist.

15. Die Ware kann nicht vor Ende März geliefert werden.

16. Alle Kisten sind mit Ihrem Zeichen versehen worden.

17. Unsere Versicherungsanweisungen müssen strengstens eingehalten werden.

18. Die Versicherung muss vom Lager im Verladehafen bis zum Lager im Bestimmungshafen gedeckt werden.

19. Die Kisten sind, wie Sie es gewünscht haben, fortlaufend nummeriert.

20. Die Verladung muss 30 Tagen nach Kontraktabschluss vorgenommen werden.

21. Uns ist von einem unserer Geschäftsfreunde mitgeteilt worden, dass Sie diesen Artikel herstellen.

22. Die Frachtrate kann nach Kontraktabschluss nicht mehr geändert werden.

23. Sie sind uns von der Firma Isso & Ruzzi empfohlen worden.

24. Die Musterziehung muss in Anwesenheit von Vertretern des Käufers und des Verkäufers vorgenommen werden.

25. Die Ware wird vor Ende Juli geliefert werden.

26. Die Sendung ist vor Versand genau kontrolliert worden.

27. Die von Ihnen bestellten Waren sind seit gestern versandbereit.

28. Die Muster müssen im Bestimmungshafen gezogen und versiegelt werden, wenn Sie diese Angelegenheit einer Arbitrage unterbreiten wollen.

29. Die Sendung muss gegen allen Risiken versichert werden.

30. Diese Artikel können erst in zwei Monaten geliefert werden.

31. Die erste Teillieferung wird am 24. August vorgenommen werden.

32. Die Rechnung muss sofort nach Erhalt der Waren bezahlt werden.

33. Gemäß den Bedingungen des Kaufvertrages kann die Versicherung nicht vom Verkäufer gedeckt werden.

34. Aufgrund eines Versehens in unserer Versandabteilung sind Ihnen gestern Artikel geschickt worden, die Sie nicht bestellt haben.

35. Der Auftrag ist zu unserer vollen Zufriedenheit ausgeführt worden.

36. Die Preise sind einschließlich Verpackung aufgegeben.

37. Ordnungshalber weisen wir noch einmal auf die Zahlungsbedingungen hin, die vereinbart worden sind.

38. Die Preise können nur herabgesetzt werden, wenn Sie für mehr als € 5.000,— bestellen.

39. Die Waren, die Sie uns geschickt haben, sind nicht von uns bestellt worden.

40. Die von Ihnen gewünschten Muster sind heute Morgen an Sie abgeschickt worden.

41. Der von Ihnen gewünschte Artikel kann erst in 3 Monaten geliefert werden.

42. Die Dokumente werden von den hiesigen Behörden sorgfältig geprüft.

43. Die Muster können Ihnen leider nicht kostenlos zur Verfügung gestellt werden.

44. Der Schaden ist von der Versicherung geprüft worden.

45. Die Lieferung ist schon vor 4 Wochen avisiert worden, aber wir haben sie noch nicht erhalten.

46. Das Ursprungszeugnis muss vom Hersteller unterschrieben werden.

47. Die Waren werden frei Grenze geliefert.

48. Der Auftrag wird zu den vereinbarten Bedingungen ausgeführt, und wir hoffen, dass die Ausführung Sie zufriedenstellen wird.

49. Das Akkreditiv muss einen Monat vor Verladung der Ware zu unseren Gunsten eröffnet werden.

50. Alle Dokumente werden Ihnen von der Bank vorgelegt werden.

22 Der Konjunktiv (Präsens und Perfekt)

Jede sprachliche Äußerung erfolgt in einem Modus (Aussageweise).
Im Italienischen unterscheidet man vier Modi:

Indikativ (sog. Wirklichkeitsform)
Konjunktiv (sog. Möglichkeitsform)
Konditional (sog. Bedingungsform)
Imperativ (sog. Befehlsform)

Der Indikativ
Er drückt im Deutschen wie im Italienischen – in Gegenwart, Vergangenheit und Zukunft – ein Sein oder Geschehen aus, das als wirklich oder wahrscheinlich empfunden wird.

Der Konjunktiv
Im Deutschen wird der Konjunktiv vor allem verwendet in der indirekten Rede oder im Bedingungsgefüge, wenn eine unerfüllbare oder unerfüllte Bedingung genannt wird:

Beispiele: Er sagte, dass er die Ware umgehend schicke ...
Wenn Sie die Ware besser verpackt hätten, wäre sie in gutem Zustand angekommen.

Im Italienischen steht der Konjunktiv meistens in Nebensätzen (in den Übersichten werden die Konjunktivformen deshalb stets mit vorangehendem »che« aufgeführt). Der Konjunktiv kennzeichnet im Italienischen eine Aussage als persönliche Stellungnahme (z. B. als Wunsch, Möglichkeit, Annahme, Willensäußerung, Zweifel) und wird häufiger als im Deutschen verwandt.

Präsens

Verben auf -are

Infinitiv		
pass**are**	che io pass**i**	che noi pass**iamo**
	che tu pass**i**	che voi pass**iate**
	che lui pass**i**	che loro pass**ino**

Verben auf -ere und -ire

Infinitiv		
vend**ere**	che io vend**a**	che noi vend**iamo**
	che tu vend**a**	che voi vend**iate**
	che lui vend**a**	che loro vend**ano**

offr**ire**: che io offr**a**, che tu offr**a**, che lui offr**a**, che noi offr**iamo** che voi offr**iate**, che loro offr**ano**

fin**ire**: che io fini**sca**,che tu fini**sca**, che lui fini**sca**, che noi fin**iamo**, che voi fin**iate**, che loro fini**scano**

Im Singular sind die Endungen gleich; es ist deshalb zweckmäßig, das Subjekt anzugeben, um die Person zu präzisieren.

Beachten Sie:

Die Formen des Konjunktivs Präsens der unregelmäßigen Verben werden vom Stamm der 1. Pers. Sing. Präs. (für die ersten 3 Pers. und die 3. Pers. Pl.) und 1. Pers. Pl. Präs. (für die 1. und 2. Pers. Pl.) des Indikativs abgeleitet.

Infinitiv	Indikativ Präsens	Konjunktiv Präsens		
andare	vado, andiamo	che	io	
			tu	vada
			lui	
		che	noi	andiamo
			voi	andiate
			loro	vadano

Ausnahmen:

avere			essere		
che	io		che	io	
	tu	abbia		tu	sia
	lui			lui	
che	noi	abbiamo	che	noi	siamo
	voi	abbiate		voi	siate
	loro	abbiano		loro	siano

dare:	che io dia,	che noi diamo
sapere:	che io sappia,	che noi sappiamo
stare:	che io stia,	che noi stiamo

Merken Sie: pa**g**are: che io pa**gh**i
fabbri**c**are: che io fabbri**ch**i

Perfekt:

Es gelten dieselben Regeln wie für Indikativ Perfekt. Die Formen lauten:

che io abbia fatto – che io sia arrivato / arrivata

Gebrauch des Konjunktivs:

1. Der Konjunktiv steht nach Verben, die eine Willensäußerung (Wunsch, Bitte, Befehl, Aufforderung) ausdrücken, wie:

aspettare che (warten)
augurarsi che (wünschen, für andere)
chiedere che (verlangen)
desiderare che (wünschen)
domandare che (verlangen)
essere d'accordo che (einverstanden sein)
lasciare che (erlauben)
permettere che (erlauben, zulassen)
preferire che (vorziehen)
pregare che (bitten)
pretendere che (verlangen)
proibire che (verbieten)
raccomandare che (empfehlen)
sperare che (hoffen)
volere che (wollen)

2. Der Konjunktiv steht nach Verben, die eine subjektive Stellungnahme oder ein Gefühl ausdrücken, wie:

avere paura che (befürchten)
dispiacere che (bedauern)
dubitare che (bezweifeln)
essere lieto / soddisfatto che (froh sein / sich freuen / erfreut sein)
essere meravigliato che (erstaunt sein)
essere sorpreso che (überrascht sein)
rincrescere che (bedauern)
temere che (befürchten)

Beispiel: Ci dispiace che le merci non siano arrivate in tempo.

3. Der Konjunktiv steht nach Verben des Sagens und Denkens, wenn Unsicherheit, Zweifel, Nichtwissen ausgedrückt werden soll. Dies ist der Fall, wenn sie verneint oder fragend gebraucht werden, wie:

   non credere che (nicht glauben, dass)
   non pensare che (nicht denken, dass)

Beispiel: Non pensiamo che i prezzi siano troppo alti.

(Aber in der Umgangssprache wird hier häufig der Indikativ verwendet)

4. Der Konjunktiv steht nach den unpersönlichen Wendungen:

basta che	es genügt, dass
bisogna che	es ist nötig, dass
(è) importante che, importa che	es ist wichtig, dass
(è) impossibile che	es ist unmöglich, dass
(è) meglio che	es ist besser, dass
(è) peccato che	es ist schade, dass
è possibile che	es ist möglich, dass
potrebbe darsi che	es kann sein, dass
sembra che	es scheint, dass

Beispiele: Bisogna che osserviate rigorosamente le istruzioni ...
È impossibile che spediscano la merce prima del 5 c.m.

5. Der Konjunktiv steht nach folgenden Konjunktionen (Bindewörtern):

affinchè	damit
perchè	damit
purchè	wenn nur
a patto che	unter der Bedingung, dass
a condizione che	unter der Bedingung, dass
sempre che	aber nur, wenn
benchè	obgleich
sebbene	obgleich
malgrado (che)	obgleich
quantunque	obgleich
a meno che non	sofern nicht
senza che	ohne dass
prima che	bevor
qualora	falls
nel caso che	falls
caso mai	falls
(sup)posto che	vorausgesetzt, dass
ammesso che	vorausgesetzt, dass

Beispiel: Vi passeremo l'ordine a condizione che ci accordiate un ribasso dell' 1 %.

6. Der Konjunktiv im Hauptsatz:

Im Hauptsatz erscheint der Konjunktiv in folgenden Wendungen:

Abbiate la bontà di ... (wörtl: Haben Sie die Güte, wollen Sie bitte ...)
Siate sicuro / i ... (Seien Sie versichert ...)
Vogliate spedirci ... (Bitte schicken Sie uns ...)

Infinitiv statt Konjunktiv

Infinitivkonstruktionen anstelle des Konjunktivs werden verwendet:

a) wenn in Haupt- und Nebensatz dasselbe Subjekt erscheint.
Beispiele: I clienti desiderano ricevere i campioni.
Siamo lieti di poterVi comunicare ...

b) wenn kein bestimmtes Subjekt angegeben ist:
Beispiele: È impossibile farlo.
Bisogna spedire subito i campioni.

c) wenn das Subjekt des Nebensatzes im Hauptsatz als Objekt erscheint nach Verben wie »ringraziare, permettere, pregare, consigliare, raccomandare, proporre« oder unpersönlich gebrauchten Verben (wie z. B. dispiacere, sembrare).
Beispiele: Ci dispiace di doverVi informare che ...
Vi preghiamo di mandarci ...
Ci sembra di averVi già comunicato che...

Achtung: Bei einigen Wendungen besteht die Möglichkeit, den Konjunktiv zu vermeiden, indem man ein Verb hinzufügt, dem der Indikativ folgt.
Beispiel: Siamo lieti che Voi possiate ...
Siamo lieti di apprendere che Voi potete ...

Zum Infinitiv ohne / mit Präposition s. Anmerkung 5.

Vokabeln

aber nur	**sempre che**
Absatz, guten A. finden	**vendersi bene**
absolut (Adv.)	**assolutamente**
Bedingung, unter d. B., dass	**a condizione che, a patto che**
befürchten	**avere paura, temere**
beginnen	**cominciare, iniziare**
berechnen (fakturieren)	**fatturare**
jdn. besuchen	**fare visita a qcuno**
bevor (Konj.)	**prima che**
bezweifeln	**dubitare di**
bis	**finchè, fino a che**
damit	**affinchè, perchè**
denken (meinen)	**credere, pensare**
erforderlich sein	**è necessario**
erstaunt sein	**essere meravigliato**
falls	**caso mai, nel caso che, qualora**
fristgerecht	**entro il termine stabilito**
froh sein, dass	**essere lieto / i che**
genügt, es g. dass	**basta che**
lieber wollen	**preferire(io preferisco)**
Mindestmenge	**la quantità minima**
mögen (gern)	**piacere a (la proposta piace al rappresentante)**
Musterauswahl	**campionario**
nötig, es ist n.	**bisogna che, è necessario che**
obgleich	**benchè, malgrado (che), quantunque, sebbene**
positiv (Adv.)	**favorevolmente**
schade, es ist sch., dass	**peccato, (è) peccato che**
scheinen	**sembrare**
sofern nicht	**a meno che non**
sodass	**così che, cosicchè**
Transportkosten	**i costi di trasporto, le spese di trasporto**
überrascht sein	**essere sorpreso**
unmöglich	**impossibile**
verlangen	**pretendere (2. Part. preteso), volere, chiedere**
vervollständigen	**completare**
vorausgesetzt dass	**ammesso che, (sup)posto che**
Vorstellung	**l'idea**
s. eine V. machen von	**farsi un'idea di**
vorziehen	**preferire (io preferisco)**
wenn nur	**purchè**
wünschen	**augurarsi che (für andere), desiderare**
zurzeit	**attualmente, al / per il momento**
Zweifel	**il dubbio**
zweifellos	**indubbiamente, senza dubbio**

Übungen

Setzen Sie die entsprechende Form des Konjunktivs ein:

1. Bisogna che la merce ____________________ entro il 5 c.m. (arrivare)
2. Siamo lieti che la qualità Vi ____________________ (soddisfare)
3. Ci dispiace che la consegna non ____________________ arrivata in buono stato. (essere)
4. Non credo che il cliente ____________________ delle difficoltà. (avere)
5. Bisogna che la qualità ____________________ esattamente ai campioni. (corrispondere)
6. È necessario che Voi ci ____________________ i pezzi mancanti il più presto possibile. (fare pervenire)
7. Mi dispiace che Voi non ____________________ accettare i nostri prezzi. (potere)
8. Bisogna asssolutamente che i campioni ____________________ in tempo. (arrivare)
9. È importante che le istruzioni ____________________ osservate rigorosamente. (venire)
10. Siamo disposti ad accordarVi il ribasso desiderato purché Voi ________ una quantità minima di 300 pezzi. (ordinare)

Übersetzen Sie:

1. Wir freuen uns, dass Ihnen die Qualität der Ware zusagt.

2. Ich glaube nicht, dass die Konkurrenz diesen Artikel zu einem günstigeren Preis anbieten kann.

3. Wir können unsere Preise noch aufrechterhalten, obwohl die Preise für Rohstoffe in den letzten Wochen gestiegen sind.

4. Wir sind überrascht, dass Sie uns die Transportkosten der Sendung vom 10. d. M. berechnet haben.

5. Der Kunde bedauert, dass er die Bedingungen nicht annehmen kann.

6. Wir freuen uns, dass wir Ihre Anfrage positiv beantworten können.

7. Ich befürchte, dass Ihre Produkte nicht konkurrenzfähig sind, da Ihre Preise über denen der Konkurrenz liegen (höher sind als).

8. Sie dürfen versichert sein, dass wir unser Möglichstes tun, um Sie zufriedenzustellen.

9. Es ist wichtig, dass Sie unsere Versandanweisungen genau beachten.

10. Wir bedauern sehr, dass Ihr Auftrag so schlecht ausgeführt worden ist.

11. Sie können mit größeren Aufträgen rechnen, vorausgesetzt dass Ihre Preise nicht höher sind als die der Konkurrenz.

12. Die Ware muss (bisogna che) absolut der Qualität der Muster entsprechen.

13. Wir bezweifeln nicht, dass dieser Artikel einen guten Absatz finden wird.

14. Ich freue mich, dass die Ware in gutem Zustand angekommen ist.

15. Wir sind froh, dass diese Angelegenheit geregelt ist.

16. Es ist möglich, dass der Fabrikant zurzeit keine Ersatzteile am Lager hat.

17. Wir senden Ihnen eine Musterauswahl, damit Sie sich eine Vorstellung von unserer Produktion machen können.

18. Ich glaube nicht, dass der Verkauf dieses Artikels schwierig ist.

19. Unsere Kunden wünschen, dass wir Ihnen Kataloge in italienischer Sprache schicken.

20. Wir bitten Sie um einige Prospekte, damit wir sie den Kunden, die sich für dieses Modell interessieren, unterbreiten können.

21. Es scheint, dass die betreffende (oder infrage kommende) Firma finanzielle Schwierigkeiten hat.

22. Wir behalten die beschädigte Ware unter der Bedingung, dass Sie den Preis um 15 % ermäßigen.

23. Wir möchten unser Lager vervollständigen, bevor die Saison beginnt.

24. Es ist schade, dass Sie uns den Auftrag nicht haben erteilen können.

25. Obgleich Ihre Bedingungen günstig sind, können wir Ihnen zurzeit leider keinen Auftrag erteilen.

26. Es ist unbedingt erforderlich, dass die Ware seemäßig verpackt wird.

27. Bevor wir den Auftrag erteilen, möchten wir gern die genauen Lieferfristen erfahren.

28. Seien Sie versichert, dass wir unser Möglichstes tun werden, um Ihren Auftrag fristgerecht auszuführen.

29. Der Kunde wünscht, dass die Muster gezogen werden.

30. Wir sind sehr überrascht, dass Sie mit der Qualität des besagten Artikels nicht zufrieden sind.

23 Der Konjunktiv (Imperfekt, Plusquamperfekt) – Bedingungssätze

Der Konjunktiv Imperfekt wird gebildet aus der 1. Person Singular des Indikativ-Imperfekts.

	mand**are**			
mand**avo**	che io	mand**assi**	che noi	mand**assimo**
	che tu	mand**assi**	che voi	mand**aste**
	che lui	mand**asse**	che loro	mand**assero**

und: vend**e**vo – vend**essi**, vend**essi**, vend**esse**, vend**essimo**, vend**este**, vend**essero**
offr**i**vo – offr**issi**, offr**issi**, offr**isse**, offr**issimo**, offr**iste**, offr**issero**
fac**e**vo – fac**essi**; introduc**e**vo – introduc**essi**
dic**e**vo – dic**essi**; propon**e**vo – propon**essi**

Aber: dare – d**essi**
stare – st**essi**
essere – f**ossi** (fosse, fossimo, foste, fossero)

Der Konjunktiv Plusquamperfekt

Es gelten dieselben Regeln wie für Indikativ Plusquamperfekt. Die Formen lauten:

che io **avessi** fatto
che io **fossi** andato / andata

Konjunktiv Imperfekt bzw. Konjunktiv Plusquamperfekt werden außerhalb der Bedingungssätze oft bei **Wunschsätzen** gebraucht:

(Se) potessi farlo!	(Wenn ich es nur machen könnte!)
(Se) solo l'avessimo fatto prima!	(Wenn wir es nur früher gemacht hätten!)

Bedingungssätze
Im Deutschen werden die Bedingungssätze eingeleitet durch die Konjunktionen (Bindewörter) »wenn« oder »falls«.

Im Italienischen werden sie eingeleitet durch die Konjunktion »se«.
Je nach der gegebenen Situation müssen im Bedingungssatz und in dem dazu gehörenden Hauptsatz bestimmte Verbformen verwendet werden.

Die häufigsten Bedingungssätze:

1.	Wir erteilen Ihnen (werden Ihnen erteilen) einen Auftrag, wenn Ihre Preise günstig sind.	Vi passeremo un ordine, se i Vostri prezzi saranno favorevoli. Vi passiamo un ordine, se i Vostri prezzi sono favorevoli.
2. a)	Wir erteilen Ihnen (würden erteilen) einen Auftrag, wenn Ihre Preise günstig wären.	Vi passeremmo un ordine, se i Vostri prezzi fossero favorevoli.
2. b)	Wir wären Ihnen sehr dankbar, wenn Sie uns Muster schickten (schicken würden).	Vi saremmo molto grati, se ci mandaste dei campioni.
3.	Wir hätten Ihnen einen Auftrag erteilt, wenn Ihre Preise günstig gewesen wären.	Vi avremmo passato un ordine, se i Vostri prezzi fossero stati convenienti.

Übersicht:

Zu 1.:
Erfüllbare Bedingung – die Preise können günstig sein (wir wissen es noch nicht):

Hauptsatz		»se« Satz
Präsens		**Präsens**
	oder	
Futur		**Futur**

Zu 2.a):
Unerfüllbare Bedingungen – bezogen auf die Gegenwart: Die Preise sind nicht günstig.

Hauptsatz	»se« Satz
Konditional I	**Konjunktiv Imperfekt**

Zu 2.b):
Kein echtes Bedingungsgefüge, sondern Ausdruck der Höflichkeit.

Zu 3.:
Unerfüllte Bedingung – bezogen auf die Vergangenheit: Die Preise waren nicht günstig.

Hauptsatz	»se« Satz
Konditional II	**Konjunktiv Plusquamperfekt**

Achtung:
Lassen Sie sich durch die im Deutschen verwendeten Verbformen (ich wäre / ich würde sein; ich könnte / ich würde können) nicht verwirren. Achten Sie auf die beabsichtigte Aussage, und richten Sie sich dann nach der angegebenen Übersicht.

Wichtig: In einem Bedingungssatz nach »se« (wenn, falls) darf nie Konditional stehen!

Vokabeln

anlaufen (Hafen)	**fare scalo a, toccare**
Ausschuss (Ware)	**lo scarto**
beinahe	**quasi**
belasten, jdn mit etw	**addebitare qcosa a qcuno**
Bestandteil sein von	**fare parte di**
Debitnote	**nota di addebito**
erinnern, jdn an etw	**ricordare qcosa a qcuno**
europäisch	**europeo**
gelingen zu tun	**riuscire a fare***
getrennt (Adv)	**a parte, separatamente**
Hafen	**il porto**
Herkunft	**la provenienza**
Ihrerseits	**da parte Vostra**
jede(r) (+ Subst.)	**ogni (+ Sing, f. und m.)**
jede(r)	**ognuno, ognuna**
jede(r) beliebige(r)	**chiunque**
LKW	**l'autocarro, il camion**
Schiff	**la nave**
übersteigen	**superare**
zufrieden sein mit	**essere, restare, rimanere soddisfatto di**
zurückweisen	**respingere (2. Part. respinto) rifiutare**

* riuscire: Präs.: riesco riusciamo
riesci riuscite
riesce riescono

Übungen

Setzen Sie die richtige Form des angegebenen Verbs ein:

1. Noi avremmo meno difficoltà se Voi ______________________ le nostre istruzioni. (osservare)
2. Il cliente ______________________ l'ordine se Voi non riuscirete a consegnare la merce in tempo. (annullare)
3. Se ridurrete i Vostri prezzi, i nostri clienti Vi ______________________ senz'altro degli altri ordini. (passare)
4. I prezzi aumenteranno se il raccolto ______________________ buono. (non, essere)
5. Se ______________________ queste condizioni, i nostri clienti Vi passeranno degli ordini importanti. (accettare)
6. Il cliente ______________________ soddisfatto della merce se la sua qualità corrisponderà a quella dei campioni. (restare)
7. Il cliente ______________________ soddisfatto della merce se la qualità avesse corrisposto a quella dei campioni. (restare)
8. I prezzi ______________________ se il raccolto non fosse buono. (aumentare)
9. Se la Vostra spedizione ci ______________________, potrete contare su degli ordini importanti. (soddisfare)
10. Il fabbricante ______________________ evitare questo errore se Voi l'aveste informato prima. (potere)
11. Noi Vi ______________________ grati se poteste farci sapere la data di spedizione il più presto possibile. (essere)
12. I nostri clienti Vi avrebbero passato degli ordini se Voi ______________________ le loro condizioni. (accettare)
13. Noi Vi ______________________ obbligati se Voi poteste inviarci qualche catalogo. (essere)
14. Vi saremo obbligati se Voi ______________________ fornirci tutti i dettagli necessari. (potere)
15. Se la qualità non corrisponderà a quella del campione, noi ______________________ accettare la consegna. (non, potere)
16. Vi saremmo grati se ci ______________________ dei cataloghi. (inviare)
17. Noi gli ______________________ l'ordine se il fabbricante avesse accettato le nostre condizioni. (conferire)
18. La ditta Rossi introdurrebbe questo articolo sul mercato tedesco se solo ______________________ la possibilità di venderlo senza troppe difficoltà. (avere)
19. Il fabbricante ______________________ disposto a concederVi un ribasso se voleste ordinare 1.000 pezzi come minimo. (essere)
20. I nostri clienti ______________________ un grande quantitativo di questo articolo se la qualità fosse migliore. (ordinare)
21. Se l'imballaggio fosse stato accurato, la merce ______________________ in buone condizioni. (arrivare)

Übersetzen Sie:

1. Wenn Ihre Bedingungen günstig sind, erteilen wir Ihnen größere Aufträge.

____

2. Wenn Ihre Bedingungen günstig wären, würden wir Ihnen einen Auftrag erteilen.

____

3. Wir wären Ihnen dankbar, wenn Sie unser Angebot prüften.

____

4. Wenn uns der Hersteller die Artikel rechtzeitig schickt, werden wir in der Lage sein, Ihren Auftrag zu der festgesetzten Frist auszuführen.

____

____

5. Es versteht sich von selbst, dass wir Ihr Angebot akzeptierten, wenn es konkurrenzfähig wäre.

6. Wenn Sie unsere Bedingungen nicht annehmen, können wir Ihnen den Auftrag nicht erteilen.

7. Wenn Sie unsere Gegenvorschläge angenommen hätten, hätten wir Ihnen den Auftrag erteilen können.

8. Wenn Sie 1.000 Stück bestellen, gewähren wir Ihnen einen Ausnahmerabatt.

9. Wir wären Ihnen dankbar, wenn Sie uns ein Angebot für diesen Artikel unterbreiten würden.

10. Wenn die italienische Konkurrenz auf unserem Markt nicht so stark wäre, könnten wir diesen Artikel sicherlich ohne Schwierigkeiten verkaufen.

11. Wenn die Schwierigkeiten nicht so groß gewesen wären, hätten wir den Artikel leicht verkaufen können.

12. Wenn Sie unsere Versandanweisungen genau befolgen, wird unser Kunde mit der Verzollung der Waren keine Schwierigkeiten haben.

13. Wir wären Ihnen sehr dankbar, wenn Sie uns postwendend Ihren Katalog und Ihre Preisliste zukommen ließen.

14. Wenn Sie den Transport via Mailand akzeptierten, könnten wir eine Umladung der Waren vermeiden.

15. Wenn uns die Qualität der Ware zusagt, werden wir Ihnen größere Aufträge erteilen.

16. Wenn Sie die Waren sorgfältig verpackt hätten, wären sie hier in gutem Zustand angekommen.

17. Wir wären Ihnen dankbar, wenn Sie Ihre Zahlungsbedingungen ändern könnten.

18. Der Hersteller würde sich freuen, wenn Sie sein Angebot prüften.

19. Wir können unsere Preise um 5 % ermäßigen, wenn Sie 10.000 Stück bestellen.

20. Wenn die Ware nicht von minderer Qualität gewesen wäre, hätten unsere Kunden sie ohne Schwierigkeiten verkaufen können.

24 Das Gerundium

Das Gerundium ist im Italienischen eine Verbform, die keine direkte Entsprechung im Deutschen hat.

Es wird gebildet mit:		Infinitivstamm	+	Gerundiumendung
	mand**are**	mand	+	**ando**
	conced**ere**	conced	+	**endo**
	offr**ire**	offr	+	**endo**

Beachten Sie:

fare – facendo
dire – dicendo
trarre – traendo
produrre – producendo;
porre – ponendo;

Gebrauch:

1. Das Gerundium drückt aus, **wie oder wodurch etwas geschieht** (Angabe der Art und Weise oder des Mittels, was im Deutschen durch »indem« oder »dadurch« ausgedrückt wird).

   Beispiel: Siamo riusciti a vendere questo articolo solo riducendo il suo prezzo.
   (Wir haben diesen Artikel nur verkaufen können, indem wir seinen Preis herabsetzten.)

2. Das Gerundium drückt aus, dass **zwei Handlungen gleichzeitig** verlaufen.

   Beispiel: Esaminando le casse abbiamo dovuto constatare che ...
   (Als wir die Kisten prüften, haben wir feststellen müssen, dass ...
   Oder üblicher: Bei Überprüfung der Kisten ...)

3. Das Gerundium drückt eine **Bedingung** aus (es kann einen Bedingungssatz ersetzen).

   Beispiel: Controllando la fattura, abbiamo constatato che ...
   (Wenn wir die Rechnung geprüft haben, haben wir festgestellt dass...)

4. Das Gerundium drückt eine **Ursache** aus (es kann einen kausalen [begründenden] Nebensatz ersetzen).

   Beispiel: Poiché / siccome abbiamo bisogno urgente di questo articolo, Vi preghiamo di ...
   Oder: Avendo bisogno urgente di questo articolo, Vi preghiamo di ...
   (Da wir diesen Artikel dringend brauchen, bitten wir Sie um ...)

5. Das Gerundium (in Verbindung mit »pur[e]») drückt eine **Konzession** aus.

   Beispiel: Pur sapendolo, non l'ha detto. (Obwohl er es wusste, hat er es nicht gesagt.)

6. Das Gerundium mit »stare« drückt **eine sich gerade vollziehende Handlung aus (Verlaufsform).**

   Beispiele: Sto scrivendo una lettera. (Ich schreibe gerade einen Brief.)
   Stava esaminando il campione quando ... (Er übeprüfte das Muster, als ...)

7. Das Gerundium **kann einen Satz ersetzen, der die Umstände, die einer Handlung vorausgehen oder eine Handlung begleiten, ausdrückt** (sehr häufig vor allem in Einleitungs- und Schlusssätzen der Handelskorrespondenz.)

   Beispiele: Ci riferiamo alla Vostra domanda del 2. c.m. e siamo lieti di comunicarVi che...
   Riferendoci alla Vostra domanda del 2. c.m., siamo lieti di comunicarVi che...
   Vi ringraziamo e Vi porgiamo distinti saluti. (Mit bestem Dank, verbleiben wir mit freundlichen Grüßen.)
   RingraziandoVi, Vi porgiamo distinti saluti.

(Gerundivsätze in dieser Funktion können wie im Deutschen häufig durch substantivische Wendungen wiedergegeben werden, z. B. »in riferimento a...« – unter Bezugnahme auf ...)

Beachten Sie:

1. Das Gerundium kann nur verwendet werden, wenn Gerundiumkonstruktion und Hauptsatz dasselbe Subjekt haben.
2. Das Gerundium ist unveränderlich.
3. Die genaue Bedeutung des Gerundiums lässt sich oft nur durch den Kontext bestimmen.
4. Das Gerundium kann unabhängig von der Zeit des Verbs im Hauptsatz verwendet werden.
5. Unbetonte Objektpronomen werden, ohne dass sich die Betonung ändert, an das Gerundium angehängt: vedendolo, portandogliela, dicendomelo.

Vokabeln

anstatt zu tun	**invece di fare**
auf Basis von	**in base a**
berücksichtigen	**tenere conto di**
bestehen auf	**insistere in, i. su**
Brüssel	**Bruxelles**
Einkauf	**l'acquisto**
Einlagerung	**l'immagazzinamento, la messa a magazzino**
(ein)sparen	**risparmiare**
jdn. ermächtigen etw. zu tun	**autorizzare qcuno a fare qcosa**
Explosionsgefahr	**il pericolo di esplosioni**
Fehler	**l'errore (m.)**
Gesamtwert	**il valore complessivo, il v. globale**
Gewinn	**il profitto**
Gruß	**il saluto**
mit freundlichen Grüßen verbleiben	**(porgere) distinti saluti/ con i migliori saluti**
hinweisen auf etw.	**indicare qcosa a qcuno**
honorieren (Wechsel)	**onorare (una cambiale)**
imaginär	**immaginario**
lassen (veranlassen)	**fare (+ Inf.)**
Lieferverzug	**il ritardo nella consegna**
Sauerstoffflasche	**la bombola di ossigeno**
Stocklotmuster	**il campione prelevato da un lotto determinato**
überprüfen	**controllare, verificare**
überwinden (Schwierigkeiten)	**superare (le difficoltà)**
unwiderruflich	**irrevocabile**
verhandeln	**trattare**
verlängern	**prolungare**
verzichten auf	**rinunciare a**
Vorauszahlung	**l'anticipo, il pagamento anticipato**
Wechsel	**la cambiale**
Wille	**la volontà**
zeigen	**mostrare**
Zweigstelle	**la filiale, la succursale**

Übungen

Formen Sie die Sätze um, indem Sie ein Gerundium verwenden:

1. Poiché abbiamo molte difficoltà a vendere questo articolo, abbiamo deciso di non ordinarlo più.

___

2. Ci riferiamo all'offerta summenzionata e Vi passiamo il seguente ordine.

___

3. Il nostro cliente si è rivolto a un'altra ditta poiché non è disposto a accettare queste condizioni.

___

4. Se farà parte di una consegna parziale, la partita dovrà essere assicurata separatamente.

___

5. Accettiamo le condizioni della Vostra offerta dell'8 c.m. e Vi preghiamo di fornirci i seguenti articoli.

___

6. Siccome è di qualità inferiore, l'articolo XY non si vende bene.

___

7. Non possiamo accettare la Vostra offerta perchè i Vostri prezzi sono troppo alti.

___

8. Ci riferiamo alla visita del Vostro rappresentante e Vi informiamo che accettiamo le Vostre condizioni.

9. Poiché le nostre scorte sono quasi esaurite, Vi preghiamo di consegnarci la merce che Vi abbiamo ordinato il più presto possibile.

10. Poiché il tasso di nolo è notevolmente aumentato, Vi proponiamo il trasporto con camion.

Übersetzen Sie:

1. Beim Prüfen der Rechnung haben wir festgestellt, dass Sie einen Fehler gemacht haben.

2. Indem wir uns auf Ihren Brief vom 28. des vergangenen Monats beziehen, teilen wir Ihnen heute mit, dass wir Sie die gewünschten Einzelheiten in den nächsten Tagen wissen lassen.

3. Sie könnten 10 % vom Angebotspreis sparen, wenn Sie die besagte Ware bei unserer Zweigstelle in Brüssel bestellten.

4. Sie könnten uns helfen, die gegenwärtigen Schwierigkeiten zu überwinden, indem Sie uns günstigere Zahlungsbedingungen einräumen.

5. Beim Versichern der cif-verkauften Ware müssen Sie den imaginären Gewinn berücksichtigen.

6. Wir sind überzeugt, dass diese Angelegenheit nur geregelt werden kann, indem wir Sie ermächtigen, mit dem Kunden zu verhandeln.

7. Sie können Schwierigkeiten vermeiden, wenn Sie sofort nach Einlagerung der Partie Muster ziehen lassen.

8. Der Lieferant hat einen Lieferverzug nur vermeiden können, indem er die Ware per LKW versandt hat, anstatt sie – wie vereinbart – per Schiff via B. zu versenden.

9. Bei der Verzollung der Ware müssen Sie die Einkaufsrechnung vorlegen.

10. Sie könnten 10 % der Frachtrate einsparen, wenn Sie die Ware in Neapel nicht umladen ließen.

11. Unser Vertreter hat Herrn Bianchi veranlassen können, uns einen Auftrag zu erteilen, indem er ihm versprochen hat, dass die Ware in zwei Wochen geliefert werden kann.

12. Bei der Eröffnung des Akkreditivs müssen Sie beachten, dass es unwiderruflich ist.

13. Wir sind bereit, Ihnen unseren guten Willen zu zeigen, indem wir Ihnen einen Ausnahmerabatt von 5 % gewähren.

14. Sie könnten 2 % der Transportkosten einsparen, wenn Sie auf eine seemäßige Verpackung verzichten.

15. Beim Verladen der Sauerstoffflaschen müssen Sie auf die Explosionsgefahr hinweisen.

16. Sie können uns helfen, Schwierigkeiten zu vermeiden, wenn Sie uns sofort nach Verladung die Nummer des Konossementes wissen lassen.

17. Wir haben uns entschlossen, Ihnen zu helfen, indem wir die Frist um (di) 21 Tage verlängern.

18. Sie könnten Schwierigkeiten vermeiden, wenn Sie in diesem Fall auf Vorauszahlung bestehen.

19. Wir haben jede Beschädigung der Waren vermeiden wollen, indem wir stärkere Kisten genommen haben.

Anmerkungen zu den Kapiteln 1 bis 24

Anmerkung 1

»Quello« vor einem Substantiv endet wie der bestimmte Artikel:

il	– quel catalogo	i	– quei cataloghi
lo	– quello sconto	gli	– quegli sconti
l'	– quell'articolo	gli	– quegli articoli
la	– quella lettera	le	– quelle lettere
l'	– quell'assicurazione	le	– quelle assicurazioni

Anmerkung 2

Das neutrale Relativpronomen »was« hat im Italienischen folgende Formen:

Sappiamo ciò / quello che può essere interessante per i Vostri clienti.

oder

Sappiamo (che) cosa può essere interessante per i Vostri clienti.

Anmerkung 3

Das Futur II (die vollendete Zukunft) wird wie folgt gebildet: Futur des Hilfsverbes + Partizip.

avrò	eseguito	(ich werde ausgeführt haben)
avrai	eseguito	(du wirst ausgeführt haben)
avrà	eseguito	(er / sie wird ausgeführt haben / Sie werden ausgeführt haben)
avremo	eseguito	(wir werden ausgeführt haben)
avrete	eseguito	(Sie werden ausgeführt haben)
avranno	eseguito	(sie werden ausgeführt haben)
sarò	arrivato / a	(ich werde angekommen sein)
sarai	arrivato / a	(du wirst angekommen sein)
sarà	arrivato / a	(er / sie wird angekommen sein / Sie werden angekommen sein)
saremo	arrivati / e	(wir werden angekommen sein)
sarete	arrivati / e	(Sie werden angekommen sein)
saranno	arrivati / e	(sie werden angekommen sein)

Anmerkung 4

Die Steigerung: »Der absolute Superlativ« drückt den sehr hohen Grad einer Eigenschaft (ohne Vergleich) aus. Er wird mit dem Suffix »-issimo« gebildet.

È un prezzo molto basso. È un prezzo bassissimo
Questa qualità è buona. È buonissima

Beachte: lungo – lung**h**issimo

Bei Adjektiven auf -co und -go wird vor -issimo ein -h- geschrieben.

Anmerkung 5

Der Infinitiv ohne Präposition:

1. Nach unpersönlichen Ausdrücken (essere + Adj.) und unpersönlichen Verben:
   è difficile dirlo, è permesso farlo
   bisognava farlo, bastava dirlo
2. Nach modalen Verben (dovere, potere, volere, sapere, lasciare, fare):
   dovete farlo, ce l'hanno fatto sapere subito
3. Nach desiderare, intendere (beabsichtigen), preferire:
   preferiamo pagare subito

Der Infinitiv mit Präposition:

Der Infinitiv wird an vielen Substantiven, Adjektiven und Verben mit der Präposition »di« angeschlossen:
speriamo di farlo presto, siamo sicuri di ricevere

Nach sembrare, dispiacere, rincrescere kommt der Infinitiv ohne Präposition ebenso wie der Infinitiv mit Präposition.

Anmerkung 6

Die Pronominaladverbien »ne« und »ci(vi)«

»**ne**« kann ersetzen

1. **eine Ortsangabe mit »da« (von ... her)**
   Il nostro rappresentante viene **da Milano.**
   Il nostro rappresentante **ne** viene.
2. **ein Präpositionalgefüge (Verb + »di« + Subst.)**
   Vi siamo gradi **dell'offerta.**
   Ve **ne** siamo grati.
   Siamo soddisfatti **della qualità.**
   Ne siamo soddisfatti.
3. **ein Substantiv, vor dem eine Mengenangabe steht.**
   Ci hanno sottomesso **molte offerte.**
   Ce **ne** hanno sottomesse **molte.**

»**ci(vi)**« kann ersetzen

1. **eine Ortsangabe vor allem mit »a, in, su da (bei, zu)«**
   Le merci sono arrivate **a Roma.**
   Le merci **ci** sono arrivate.
   Vado dal fabbricante.
   Ci vado.
2. **ein Präpositionalgefüge (Verb + »a, con, su«)**
   Abbiamo pensato **alla faccenda.**
   Ci abbiamo pensato.
   Lavoriamo bene **con questa ditta.**
   Ci lavoriamo bene.

Achtung: auf Personen bezogen gilt:
Collaboriamo con il Sig. Rossi.
Collaboriamo con **lui.**
Collaboriamo con questi fabbricanti.
Collaboriamo con **loro.**

»**lui**« e »**loro**« sind **betonte Personalpronomina.** Die Formen des betonten Personalpronomens lauten:

me	**noi**
te	**voi (Voi)**
lui }	**loro**
lei (Lei) }	

sè (sich)

Sie werden gebraucht nach allen Präpositionen, wenn ein weiteres Objekt folgt sowie zur Gegenüberstellung oder zur Betonung.

25 Tabellen

Die Zahlen

Die Grundzahlen:

0	zero	20	venti	200	duecento
1	uno	21	ventuno	300	trecento
	un cliente		ventun ordini	1.000	mille
	uno zero		ventun lettere	1.001	milleuno / mille e uno
	una ditta	22	ventidue	1.008	milleotto
	un' offerta	23	ventitrè	2.000	duemila
2	due	24	ventiquattro	10.000	diecimila
3	tre	25	venticinque	28.376	ventottomilatrecentosettantasei
4	quattro	26	ventisei	100.000	centomila
5	cinque	27	ventisette	1.000.000	un milione
6	sei	28	ventotto	6.500.000	seimilionicinquecentomila
7	sette	29	ventinove	1.000.000.000	un miliardo
8	otto	30	trenta		
9	nove	40	quaranta		
10	dieci	50	cinquanta		
11	undici	60	sessanta		
12	dodici	70	settanta		
13	tredici	80	ottanta		
14	quattordici	90	novanta		
15	quindici	100	cento		
16	sedici	101	centouno		
17	diciassette	103	centotrè		
18	diciotto	108	centootto		
19	diciannove	199	centonovantanove		

1. Grundzahlen sind männlich (il due – die Zwei) und, mit Ausnahme von »uno« und »mille«, unveränderlich.
2. »Zero«, »milione« und »miliardo« sind Substantive und bilden di Pluralform mit »i«.
3. Ein auf »milione« oder »miliardo« folgendes Substantiv wird mit der Präposition »di« angeschlossen:
   due milioni di euro / un milionetrecentocinquantamila euro
4. In der Handelssprache sind die Zahlen oft nachstehend:
   ordini 10; campioni 30.

Die Ordnungszahlen

1°	il primo	11°	l'undicesimo
2°	il secondo	12°	il dodicesimo
3°	il terzo	20°	il ventesimo
4°	il quarto	21°	il ventunesimo
5°	il quinto	22°	il ventiduesimo
6°	il sesto	23°	il ventitreesimo
7°	il settimo	30°	il trentesimo
8°	l'ottavo	100°	il centesimo
9°	il nono	1.000°	il millesimo
10°	il decimo		

Die Ordnungszahlen sind veränderliche Adjektive:
la prima ordinazione / gli ultimi ordini.

Ordnungszahlen in Ziffern: la 3a ordinazione (also die Grundzahl + den letzten Buchstaben der Ordnungszahl).

Die Wochentage (i giorni della settimana)

Montag	lunedì
Dienstag	martedì
Mittwoch	mercoledì
Donnerstag	giovedì
Freitag	venerdì
Sonnabend	sabato
Sonntag	domenica

am Montag	lunedì (letzten oder kommenden Montag)
montags	il lunedì / di lunedì (regelmäßige Wiederholung)
nächste Woche	la settimana prossima
letzte, vorige Woche	la settimana passata, la s. scorsa
in drei Wochen	entro, in tre settimane (binnen)
	fra, tra tre settimane (heute in drei Wochen)

Die Monate

Januar	gennaio
Februar	febbraio
März	marzo
April	aprile
Mai	maggio
Juni	giugno
Juli	luglio
August	agosto
September	settembre
Oktober	ottobre
November	novembre
Dezember	dicembre
im Januar	in gennaio, nel mese di gennaio
Anfang Januar	l'inizio di gennaio
Ende Januar	la fine di gennaio

nächsten Monat etc. s. Wochentage

Der Tagesablauf

der Morgen	la mattina, il mattino
morgens	di / la mattina
mittags	a mezzogiorno, il mezzogiorno
der Nachmittag	il pomeriggio
nachmittags	di / nel pomeriggio
der Abend	la sera
abends	di / la sera
die Nacht	la notte
nachts	di / la notte
mitternachts	a / di mezzanotte
heute Morgen	questa mattina / stamattina
heute Nachmittag	questo pomeriggio
heute Abend	questa sera / stasera
heute Nacht	questa notte / stanotte

Das Datum

In der Datumsangabe werden im Italienischen die Grundzahlen verwendet (Ausnahme: der erste Tag im Monat!) Die Monatsnamen werden klein geschrieben.

Hamburg, den 1. Juni ...	**Amburgo, 1° giugno ...**
Hamburg, den 2. Juli ...	**Amburgo, 2 luglio ...**
Hamburg, den 31. Mai ...	**Amburgo, 31 maggio ...**
	Amburgo, 31.6. ...
	Amburgo,31 / 6 / ...

Die Jahreszahl

Die Jahreszahl steht immer mit dem bestimmten Artikel: il 2000, nel 2003, nel 2019.

Beachte: 1996 = millenovecentonovantasei
2019 = duemilaediciannove

Die Uhrzeit

Che ora è? / Che ore sono? (Wieviel Uhr ist es?)

meno
Sono le sei meno cinque (minuti). (5.55)
Sono le sei meno quindici (minuti) / meno un quarto. (5.45)
Sono le sei meno venti (minuti). (5.40)
Sono le sei. (6.00)

e
Sono le sei e trenta (minuti) / e mezzo. (6.30)
Sono le sei e trentacinque (minuti). (6.35)
Sono le sei e quarantacinque (minuti) / e tre quarti. (6.45)

Beachte: È l'una. È mezzogiorno. È mezzanotte.

un quarto d'ora	eine Viertelstunde
mezz'ora	eine halbe Stunde
tre quarti d'ora	eine Dreiviertelstunde
un'ora e mezzo / a	Anderthalbstunden

Ländernamen

Diese Übersicht umfasst die wichtigsten Ländernamen und die dazugehörigen Adjektive.

Die Ländernamen müssen im Italienischen immer mit dem bestimmten Artikel verwendet werden:

Italien	l'Italia
Deutschland	la Germania
In / nach Italien	in Italia (weil »Italia« weiblich ist)
In / nach Kanada	in / nel Canada (weil »Canada« männlich ist)
In / nach den USA	negli USA, negli Stati Uniti (weil »Stati Uniti« nur im Plural verwendet wird)

Afrika	l'Africa, africano
Ägypten	l'Egitto, egiziano
Algerien	l'Algeria, algerino
Amerika	l'America, americano
(Nordamerika)	(l'America del Nord, il Nordamerica nordamericano)
Argentinien	l'Argentina, argentino
Asien	l'Asia, asiatico
Australien	l'Australia, australiano
Belgien	il Belgio, belga (m. / f.); belgi (m.pl.), belghe (f.pl.)
Brasilien	il Brasile, brasiliano
Bulgarien	la Bulgaria, bulgaro
Chile	il Cile, cileno
China	la Cina, cinese
Dänemark	la Danimarca, danese
Deutschland	la Germania, tedesco, tedeschi; tedesca, tedesche
Bundesrepublik D.	la Repubblica federale tedesca (RFT)
England	l'Inghilterra, inglese
Europa	l'Europa, europeo
Finnland	la Finlandia, finlandese
Frankreich	la Francia, francese
Ghana	il Ghana, ghanaense
Griechenland	la Grecia, greco, greci; greca, greche
Großbritannien	la Gran Bretagna, britannico
Holland (Niederlande)	l'Olanda, olandese (I Paesi Bassi)
Indien	l'India, indiano
Indonesien	l'Indonesia, indonesiano
Irak	l'Iraq (m.), iracheno
Iran	l'Iran, (m.) iraniano
Irland	l'Irlanda, irlandese
Israel	Israele (m.), israeliano
Italien	l'Italia, italiano
Japan	il Giappone, giapponese
Jordanien	la Giordania, giordano
Kambodscha	la Cambogia, cambogiano
Kamerun	il Camerum, camerunense
Kanada	il Canada, canadese
Kenia	il Kenia, keniano
Korea	la Corea, coreano
Kroatien	la Croazia, croato
Libanon	il Libano, libanese
Luxemburg	il Lussemburgo, lussemburghese
Libyen	la Libia, libico, libici; libica,libiche
Madagaskar	il Madagascar, malgascio
Malaysia	la Malaysia, malese
Marokko	il Marocco, marocchino
Mexiko	il Messico, messicano
Neuseeland	la Nuova Zelanda, neozelandese
Nigeria	la Nigeria, nigeriano
Norwegen	la Norvegia, norvegese
Österreich	l'Austria, austriaco, austriaci; austriaca, austriache
Pakistan	il Pakistan, pakistano
Paraguay	il Paraguay, paraguaiano
Peru	il Perù, peruviano
Philippinen	le Filippine, filippino
Polen	la Polonia, polacco, polacchi; polacca, polacche
Portugal	il Portogallo, portoghese
Rumänien	la Romania, romeno
Russland	la Russia, russo
Schottland	la Scozia, scozzese
Schweden	la Svezia, svedese
Schweiz	la Svizzera, svizzero
Senegal	il Senegal, senegalese
Serbien	la Serbia, serbo
Slowenien	la Slovenia, sloveno
Slowakei	Slovacchia, slovacco, slovacchi; slovacca, slovacche
Somalia	la Somalia, somalo
Spanien	la Spagna, spagnolo
Sudan	il Sudan, sudanese
Syrien	la Siria, siriano
Thailand	la Tailandia, tailandese
Tschechische Republik	Repubblica ceca, ceco, cechi; ceca, ceche
Tunesien	la Tunisìa, tunisino
Türkei	la Turchìa, turco,turchi;turca, turche
Ungarn	l'Ungherìa, ungherese
Uruguay	l'Uruguay, uruguaiano
USA	gli USA, gli Stati Uniti, statunitense/americano
Venezuela	il Venezuela, venezuelano
Vietnam	il Vietnam, vietnamita / i / e

Liste der unregelmäßigen Verben

Infinitiv	Präsens	Partizip	
accludere (beilegen)		accluso	
andare* (gehen, fahren)	vado vai va andiamo andate vanno	andato	Fut.: andrò Konj.Präs.: vada
apprendere (erfahren)	s. prendere		
aprire (öffnen)		aperto	
attendere (erwarten)		atteso	
avere (haben)	ho hai ha abbiamo avete hanno	avuto	Fut.: avrò Konj.Präs.: abbia, abbiamo, abbiate, abbiano
chiedere (fragen)		chiesto	
commettere (begehen, z. B. e. Fehler)	s. mettere		
comprendere (verstehen, umfassen)	s. prendere		
concedere (gewähren)	concedo	concesso	
contenere (enthalten)	s. tenere		
convincere (überzeugen)		convinto	
coprire (decken)		coperto	
corrispondere (entsprechen)	s.rispondere		
dare (geben)	do dai dà diamo date danno	dato	Fut.: darò Konj.Präs.: dia, diamo, diate, diano
decidere (beschließen)		deciso	
dipendere (abhängen)		dipeso	
dire (sagen)	dico dice diciamo dite dicono	detto	Imperf.: dicevo dici
discutere (diskutieren)		discusso	
dispiacere* (missfallen)	s. piacere		
disporre (verfügen)	s. porre		
divenire* (werden)	s. venire		
dividere (teilen)		diviso	

* Perfekt mit »essere«.

dovere (müssen, sollen)	devo devi deve dobbiamo dovete devono	dovuto	Fut.: dovrò Konj.Präs.: deva / debba, dobbiamo, dobbiate, debbano
essere* (sein)	sono sei è siamo siete sono	stato	Fut.: sarò Konj.Präs.: sia, siamo, siate, siano Imperf.: ero, eri, era eravamo, eravate, erano
fare (tun, machen)	faccio fai fa facciamo fate fanno	fatto	Fut.: farò Konj.Präs.: faccia, facciamo, facciate facciano Imperf.: facevo
giungere* (ankommen)		giunto	
includere (beifügen)		incluso	
insistere (bestehen auf)		insistito	
intendere (vorhaben)		inteso	
introdurre (einführen)	s. produrre		
leggere (lesen)		letto	
mantenere (aufrechterhalten)	s. tenere		
mettere (setzen, stellen, legen)		messo	
offrire (anbieten)		offerto	
ottenere (erhalten)	s. tenere		
permettere (erlauben)	s. mettere		
pervenire* (ankommen)	s. venire		
piacere* (gefallen)	piaccio piaci piace piaciamo piacete piacciono	piaciuto	
porre (setzen, stellen, legen)	pongo poni pone poniamo ponete pongono	posto	Fut.: porrò Imperf.: ponevo
potere (können, dürfen)	posso puoi può possiamo potete possono	potuto	Fut.: potrò
prendere (nehmen)		preso	

* Perfekt mit »essere«.

presumere (vermuten)		presunto	
pretendere (verlangen)		preteso	
prevedere (voraussehen)	s. vedere		
produrre (herstellen)	produco produci produce produciamo producete producono	prodotto	Fut.: produrrò Imperf.: producevo
promettere (versprechen)	s. mettere		
proporre (vorschlagen)	s. porre		
provvedere (sorgen für, beschaffen)	s. vedere		
rendere (zurückgeben)		reso	
resistere (aushalten, widerstehen)		resistito	
respingere (zurückweisen)		respinto	
ridurre (ermäßigen)	s. produrre		
rimanere* (bleiben)	rimango rimani rimane rimaniamo rimanete rimangono	rimasto	Fut.: rimarrò
rimettere (aushändigen)	s. mettere		
riprendere (zurücknehmen)	s. prendere		
rispondere (antworten)		risposto	
riuscire* (gelingen)	s. uscire		
rivolgersi* (sich wenden)	s. volgere		
salire* (steigen, ansteigen)	salgo sali sale saliamo salite salgono		
sapere (wissen)	so sai sa sappiamo sapete sanno		Fut.: saprò Konj. Präs.: sappia, sappiamo, sappiate, sappiano
scegliere (auswählen)	scelgo scegli sceglie scegliamo scegliete scelgono	scelto	
scendere* (abnehmen)		sceso	
scrivere (schreiben)		scritto	
sottomettere (unterbreiten)	s. mettere		

* Perfekt mit »essere«.

sottoporre (unterbreiten)	s. porre		
sostenere (standhalten)	s. tenere		
spendere (ausgeben)		speso	
stare* (bleiben)	sto stai sta stiamo state stanno	stato	Fut.: starò Konj.Präs.: stia, stiamo, stiate, stiano
supporre (annehmen)	s. porre		
tenere (behalten)	tengo tieni teniamo tenete tengono		Fut.: terrò
tradurre (übersetzen)	s. produrre		
trasmettere (übermitteln)	s. mettere		
trattenere (zurückhalten, aufhalten)	s. tenere		
uscire* (hinausgehen)	esco esci esce usciamo uscite escono		
vedere (sehen)		visto / veduto	
venire* (kommen)	vengo vieni veniamo venite vengono	venuto	Fut.: verrò
volere (wollen)	voglio vuoi vogliamo volete vogliono		Fut.: vorrò
volgere (zuwenden, kehren)	volgo volgi volge volgiamo volgete volgono	volto	

* Perfekt mit »essere«.

Das Verb und seine Ergänzungen

Erfahrungsgemäß sind es die Ergänzungen bei Verben (Anschluss des Objekts, Anschluss des Infinitivs), die immer wieder zu Schwierigkeiten führen. Da in der Regel das Verb bekannt ist, aber Zweifel in Hinblick auf den Anschluss vorhanden sind, werden im Folgenden die italienischen Wendungen zuerst genannt.

accettare di fare qcosa	akzeptieren, etw. zu tun
accludere qcosa a	beifügen, beilegen
(ac)consentire a	einwilligen in, etw. zu tun
accreditare qcosa a qcuno accreditare qcuno di qcosa	jdm. etw. gutschreiben
addebitare qcosa a qcuno addebitare qcuno di qcosa	jdm. mit etw. belasten (eine Summe)
affrettarsi a	sich beeilen, etw. zu tun
aiutare qcuno a fare qcosa	jdm. helfen, etw. zu tun
allegare qcosa a	beifügen, beilegen
ammontare a	sich belaufen auf
andare a trovare qcuno	jdn. besuchen
apprendere da	erfahren; entnehmen aus
approfittare di qcosa	von etw. profitieren (Gelegenheit wahrnehmen)
augurare qcosa a qcuno	jdn etw. wünschen
autorizzare qcuno a fare qcosa	jdn. bevollmächtigen, etw. zu tun
avere bisogno di	etw. benötigen, brauchen
avere da fare	müssen
avere (delle) difficoltà a/nel fare qcosa	Schwierigkeiten haben, etw. zu tun
avere l'intenzione di	beabsichtigen, etw. zu tun
bisogna fare qcosa	man muss, es ist nötig, etw. zu tun
caricare per	verladen nach
cercare di fare qcosa	versuchen etw. zu tun
chiedere a qcuno di fare qcosa	jdn. bitten, etw. zu tun
chiedere qcosa a qcuno	jdn. um etw. bitten
cominciare a fare qcosa	beginnen, etw. zu tun
confermare qcosa a qcuno	bestätigen (die eigene Mitteilung)
consigliare a qcuno di fare qcosa	jdm. raten, etw. zu tun
contare di fare qcosa	beabsichtigen, etw. zu tun
contare su qcosa/qcuno	rechnen mit (z. B. Auftrag)
continuare a fare qcosa	fortfahren, etw. zu tun
correre un rischio	ein Risiko eingehen
corrispondere a qcosa	einer Sache entsprechen
decidere di fare qcosa	beschließen/entscheiden, etw. zu tun
decidersi a fare qcosa	s. entschließen, etw. zu tun
dimenticare di fare qcosa	vergessen, etw. zu tun
dire a qcuno di fare qcosa	jdm. sagen, auftragen, etw. zu tun
dispiacere a qcuno di fare qcosa	bedauern, etw. zu tun (unpersönlich gebraucht)
disporre di qcosa	über etw. verfügen
domandare a qcuno di fare qcosa	jdn. bitten, etw. zu tun
domandare qcosa a qcuno	jdn. um etw. bitten
dovere qcosa a qcuno	jdm. etw. schulden, verdanken
dovere fare qcosa	etw. tun müssen
entrare in relazione(i) commerciale(i) con qcuno	in Geschäftsbeziehungen treten mit
esaminare qcosa	etw. (über)prüfen
essere di	sich belaufen auf
essere d'accordo con qcuno su qcosa	mit jdm. übereinstimmen, einer Meinung sein
essere d'accordo con qcuno di fare qcosa	einverstanden sein, etw. zu tun
essere dell'avviso	der Meinung sein
essere capace di fare qcosa	fähig sein, etw. zu tun
essere in condizione/nelle condizioni di fare qcosa	in der Lage sein, etw. zu tun
essere conforme a qcosa	einer Sache entsprechen
essere contento di qcosa	mit etw. zufrieden sein
essere debitore a qcuno di qcosa	jdm.etw schulden, verdanken
essere deciso a fare qcosa	entschlossen sein, etwas zu tun
essere disposto a fare qcosa	bereit sein, etw. zu tun
essere difficile fare qcosa	schwierig sein, etw. zu tun
è d. vendere questo articolo **aber:** è un articolo d. da vendere	
essere in grado di fare qcosa	in der Lage sein, etw. zu tun
essere grato a qcuno di/per qcosa	jdm. dankbar sein für etw.
essere lieto di fare qcosa	erfreut sein, etw. zu tun
essere obbligato a fare qcosa	jdm.verbunden sein, etwas zu tun
essere obbligato a/verso qcuno per qcosa	jdm. zu Dank verpflichtet sein
essere dell'opinione essere del parere	der Meinung sein
essere pronto a fare qcosa	bereit sein, etw. zu tun
essere sul punto di fare qcosa	in Begriff sein, dabei sein, etw. zu tun
essere soddisfatto di qcosa	zufrieden sein mit etw.
essere sorpreso di/per qcosa	über etw. erstaunt sein
essere specializzato in qcosa	in etw. spezialisiert sein
essere spiacente di/per qcosa	etw. bedauern
esserci (c'è, ci sono etc.)	da sein, vorhanden sein/geben
evitare di fare qcosa	vermeiden, etw. zu tun
fare arrivare qcosa a qcuno	jdm.etw. zukommen lassen
fare fare qcosa a qcuno	jdn. veranlassen, etw. zu tun
fare fronte alla concorrenza	der Konkurrenz standhalten
fare del proprio meglio (io faccio del mio meglio)	sein Bestes tun
fare pervenire qcosa a qcuno	jdm. etw. zukommen lassen
fare sapere qcosa a qcuno	jdn. etw. wissen lassen
fare visita a qcuno	jdn. besuchen
finire (io finisco) di fare qcosa	etw. beenden
imbarcare per (Schiff)	verladen nach
impegnarsi a fare qcosa	s. verpflichten, etw. zu tun
indurre qcuno a fare qcosa	jdn. veranlassen, etw. zu tun
informarsi di/su qcosa	s. über etw. informieren
insistere in/su qcosa	auf etw. bestehen
interessare qcuno a qcosa essere interessato a qcosa	jdn.für etw.interessieren interessiert sein an etw.
interessarsi a/di qcosa	s. für etw. interessieren

lamentarsi di/per qcosa	s. über etw. beklagen, beschweren
lasciare fare qcosa a qcuno	jdn. etw. tun lassen (erlauben)
occuparsi di (fare) qcosa	s. mit etw. befassen
parlare di qcosa con qcuno	mit jdm. über etw. sprechen
partire per	abreisen nach
pensare a qcosa/qcuno	an etw./jdn. denken
pensare di fare qcosa	beabsichtigen etw. zu tun
permettere a qcuno di fare qcosa	jdm. erlauben, etw. zu tun
permettersi di fare qcosa	s. erlauben, etw. zu tun
potere fare qcosa	etw. tun können
preferire fare qcosa	vorziehen, etw. zu tun
preferire qcosa a qcosa	etw. einer Sache v.
pregare qcuno di fare qcosa	jdn. bitten, etw. zu tun
prendere parte a qcosa	an etw. teilnehmen
profittare di qcosa	von etw. profitieren (Gelegenheit wahrnehmen)
promettere a qcuno di fare qcosa	jdm. versprechen, etw. zu tun
proporre a qcuno di fare qcosa	jdm. vorschlagen, etw. zu tun
raccomandare a qcuno di fare qcosa	jdm. empfehlen, etw. zu tun
recarsi a	sich begeben nach
rendersi conto di qcosa	sich einer Sache bewusst werden
resistere alla concorrenza	der Konkurrenz standhalten
ricordare qcosa a qcuno	jdn. an etw. erinnern
ricordarsi di qcosa	s. an etw. erinnern
rientrare in/fra	zählen zu
riferirsi a qcosa	s. auf etw. beziehen
rincrescere a qcuno di fare qcosa	bedauern, etw. zu tun (unpersönlich gebraucht)
ringraziare qcuno di/per	jdm. für etw. danken
rischiare di fare qcosa	Gefahr laufen, etw. zu tun
rischiare a fare qcosa	riskieren
rispondere a qcosa	etw. beantworten
riuscire a fare qcosa	gelingen zu tun
sono riuscito a fare	es ist mir gelungen zu tun
rivolgersi a qcuno	s. an jdn. wenden
scusarsi di/per qcosa con qcuno	s. für etw. bei jdm. entschuldigen
servire a	zu etw. dienen
sforzarsi di fare qcosa	sich bemühen, etw. zu tun
soddisfare qcuno	jdn. zufriedenstellen
sottomettere qcosa a qcuno sottoporre qcosa a qcuno	jdm. etw. unterbreiten
sperare di fare qcosa	hoffen, etw. zu tun
sperare in qcosa	auf etw. hoffen
stare per fare qcosa	im Begriff sein, dabei sein
telefonare a qcuno	jdn. anrufen
verificare qcosa	etw. (über)prüfen
volere fare qcosa	etw. tun wollen

Tabelle der gebräuchlichsten Konjunktionen

aber	ma
als	quando
also (folglich)	dunque, quindi angenommen,
dass	ammesso che + Konj., supposto che + Konj.
anstatt zu (dass)	invece di + Inf.
bevor	prima che + Konj.
bis	fino a che / finché + Konj.
da	(zu Beginn des Satzgefüges) dato che, giacché, poiché, siccome, visto che (im Satzgefüge) poiché / perché
dadurch dass	wird mit dem Gerundium übersetzt
daher	perciò, per questo motivo
damit	affinché + Konj.
dass	che
denn	perché, poiché, siccome
dennoch	però, eppure, nondimeno
deshalb	perciò, per questo
deswegen	perciò, per questo
entweder ... oder	o ... o
falls	se + Ind., nel caso che + Konj., qualora + Konj.
indem	wird mit dem Gerundium übersetzt
infolgedessen	perciò, per cui, per questa ragione
jedoch	però, tuttavia
nachdem	dopo + essere oder avere + 2. Partizip, dopo che
nicht nur ... sondern auch	non solo ... ma anche ob se
obwohl	anche se + Ind., benché + Konj., sebbene + Konj.
oder	o, oppure
ohne dass	senza che + Konj.
ohne zu	senza + Inf.
seitdem	da quando
sodass	così che, cosicché + Ind.
so ... dass	così ... che
sobald	(non) appena
sondern	ma, bensì
sowie	come anche
sowohl ... als auch	sia ... sia / che
trotzdem	tuttavia, ciononostante
um zu	per + Inf.
und	e (vor Vokal, meist ed)
unter der Bedingung, dass	a condizione che + Konj.
vorausgesetzt, dass	ammesso che + Konj.
während	mentre
weil	s. da
wenn	(bedingend) se; (immer wenn) quando
wie	come / (non)appena / quando (appena ci avete informato) come (ci ha detto come funziona la macchina)
zwar ... aber	è vero che ..., ma sì / certo..., ma

Tabelle wichtiger Präpositionen

(Siehe auch Tabelle »Das Verb und seine Ergänzung«)

ab	(zeitl.) da, a partire da (örtl.) ab Werk, Lager – franco stabilimento, magazzino
abzüglich (Kosten)	al netto di, meno
als	(in der Eigenschaft von) als Ihr Vertreter – come / in qualità di Vostro rappresentante als Anlage – qui / in allegato als Eilgut – a grande velocità als Frachtgut – a piccola velocità
am	am Anfang – all'inizio am 12. Mai – il 12 Maggio
an	Grundbedeutung: a (vor Vokal auch ad) an Ihre Adresse – al Vostro indirizzo an erster Stelle – in primo luogo
in Anbetracht	con riguardo a, in considerazione di
anlässlich	in occasione di
anstelle von	in luogo di, al posto di
auf	(örtl.) su; auf Abruf – su richiesta auf Anfrage – su / dietro richiesta auf Basis von – in base a / sulla base di auf italienisch – in italiano auf unsere Kosten – a nostro carico / a nostre spese auf Lager – in deposito, in magazzino auf dem Markt – sul / nel mercato auf diese Weise – in questo modo, così
aufgrund	a causa di
aus	(örtl.) aus Italien – dall'Italia aus Plastik, Holz – di / in (materia) plastica, di / in legno aus diesem Grund – per questa ragione, perciò aus Erfahrung – per esperienza
ausgenommen	ad eccezione di, eccetto
außer	salvo; außer Acht lassen – non tenere conto di; tralasciare
bei	(in der Nähe von) vicino a, presso (bei Personen und Sachen) vicino a; (bei Personen) da; bei Abnahme – al momento del ritiro bei Ihrem letzten Besuch – in occasione della Vostra ultima visita bei Gelegenheit – quando; qualora
bei	(im Falle von) – in caso di
betreffs	a proposito di; quanto a; riguardo a; im Briefkopf: Ogg. (oggetto)
bezüglich	(s. betreffs)
binnen	entro; binnen kurzem – tra breve (s. in)
bis	fino a; bis Ende Juli – fino alla fine di luglio bis (spätestens) Ende des Monats – entro la fine del mese bis auf weiteres – fino a nuovo ordine bis jetzt – finora; fino ad ora
dank	grazie a

durch	(bei Vermittlung und Ursache) con, per mezzo di; (örtl.) per, attraverso; (dank) grazie a; (infolge) in seguito a; durch Zufall – per caso oft mit Gerundium übersetzt: con il lavoro – lavorando
entgegen	contrariamente a
entsprechend	conformemente a
frei	frei Haus – franco domicilio frei Grenze – franco confine / frontiera
für	Grundbedeutung: per; (zugunsten von) a / in favore di; ein Beweis für – una prova di für Rechnung von – per conto (di)
gegen	contro; (zeitl.) verso; gegen Quittung – dietro ricevuta
gegenüber	(Personen) verso (+ di mit Personalpronomina); (im Vergleich) nei confronti di; (örtl.) di fronte a
gemäß	secondo; conformemente a
gleich nach	g. n. Erhalt – subito dopo ricevimento di
hinsichtlich	rispetto a; riguardo a; quanto a
im	im Anschluss an – a seguito di, facendo seguito a im Auftrag von – per ordine / incarico di im Besonderen – in particolare im Falle von – in caso di im Gegenteil – al contrario im (Monat) Mai – in maggio, nel mese di maggio im Übrigen – del resto im Verlauf von – nel corso / giro di im Vergleich zu – a paragone di; in confronto a
in	(örtl.) in Mailand – a Milano; in Italien – in Italia; in Europa – in Europa; (zeitl.) in zehn Tagen (nach Ablauf von) - fra / tra dieci giorni; in acht Tagen (innerhalb, binnen) – entro, in otto giorni in diesen Tagen – in questi giorni in der nächsten Woche – la prossima settimana in diesem Jahr – quest'anno in kurzer Zeit – in poco tempo in Anbetracht – tenuto conto di in Anwesenheit von – alla / in presenza di in Ausführung von – in esecuzione di in Beantwortung von – in risposta a in Bezug auf – in riferimento a (Schreiben, Telex) in Erwartung – in attesa di in jedem Fall – in ogni caso in Kürze – fra poco in der Tat – infatti, in realtà in gutem Zustand – in buono stato, in buone condizioni
infolge von	in seguito a, facendo seguito
inklusive	compreso, incluso
innerhalb von	s. »in«
laut	s. »gemäß«
mit	Grundbedeutung: con; (Begleitung) con, insieme con; (Mittel) con, per mezzo di; mit Ausnahme von – ad eccezione di, eccetto mit Bezug auf – con riferimento a mit getrennter Post – per corriere separato, a parte mit (per) Lastwagen (Zug, Schiff) – con / per camion / autocarro (treno, nave)

nach	(örtl.) nach Mailand – a Milano; nach Italien – in Italia (zeitl.) dopo; nach Ablauf von – dopo il termine di, trascorso il termine di nach Erhalt – dopo ricevimento sofort nach Erhalt – subito, immediatamente dopo (il) ricevimento nach Überprüfung – dopo il controllo / la verifica di Anfrage nach – la domanda di
nach (gemäß)	secondo
neben	(örtl.) accanto a; (nebst) con, insieme con
ohne	senza; (ausgenommen) senza, eccetto ohne Frage – senza dubbio ohne Weiteres – senz'altro, senza più
per	con, a mezzo (di), per per Bahn – con / a mezzo / per ferrovia per Einschreiben – per (lettera) raccomandata per/via e-mail
pro	a, per pro Jahr – all'anno, per anno
seit	da seit Langem – da molto (tempo) seit Kurzem – da poco (tempo)
seitens	da parte di; unsererseits – da / per parte nostra
sofort	(gleich nach) da, fin(o) da sofort nach Erhalt – subito, immediatamente dopo il ricevimento
statt	invece di; in luogo di
trotz	malgrado; nonostante trotz alledem – malgrado tutto
über	(örtl.) per, via; über Mailand – via Milano ein Angebot über – un'offerta di / per ein Auftrag über – un ordine di / per; un ordine relativo a ein Auskunft über – un'informazione su eine Rechnung über – una fattura da ein Vorschlag über – una proposta di / per
um	(zeitl. gegen) verso; um jeden Preis – a ogni costo es handelt sich um – si tratta di
unter	(örtl.) sotto; (Personen, Sachen) fra, tra; unter anderem – fra l'altro,fra le altre cose unter Bezugnahme auf – con / in riferimento a unter der Leitung von – con / sotto la direzione di unter diesen Umständen – date le circostanze unter Umständen – eventualmene, se si dà il caso unter Vorbehalt – con riserva
verglichen mit	in confronto a, a paragone di
vom (Datum)	del; datato / a / i / e il
von	(örtl.) da; (zeitl.) da; von ... ab – da,a partire da; da ...in poi von Anfang an – dall'inizio, fin dall'i. von heute an – a partire da oggi von Neuem – di nuovo vonseiten – da parte di von vornherein – dall'inizio / fin dall'i. von Zeit zu Zeit – di tanto in tanto / ogni tanto
vor	(örtl.) davanti a; (zeitl.) ...fa (von der Situation des Sprechers aus gesehen); prima di (vor einem bestimmten Zeitpunkt) vor drei Wochen – tre settimane fa vor Ende November – prima della fine di novembre vor allem – soprattutto vor Kurzem – poco (tempo) fa

vorbehaltlich	con riserva di, salvo; vorbehaltlich Zwischenkauf – salvo il venduto
während	durante
was anbetrifft	per quel che riguarda, quanto a, circa
wegen	(Grund) a causa di, per; (infolge) in seguito a; (betreffend) in questione (z. B.: la lettera in questione)
zu	Grundbedeutung: a; zu Ihren Gunsten – a / in Vostro favore zulasten von – a carico di zu wenig – troppo poco von Zeit zu Zeit – di tanto in tanto, ogni tanto
zugunsten von	a favore di
zum	zum Beispiel – per esempio (p. es.) zum ersten Mal – per la prima volta zum Glück – fortunatamente, per fortuna
zur	zur Hälfte – a / per metà zurzeit – al momento, attualmente
zwischen	fra, tra

Tabelle wichtiger Adverbien

(Siehe dazu auch Kapitel 16)

abermals	ancora, di nuovo, un'altra volta
allerdings	(in der Tat) infatti, senza dubbio; (einschränkend) a dire il vero
im Allgemeinen	in generale
anbei	qui accluso, qui allegato, qui annesso
anders	altrimenti, in altro modo
auch	(ebenso) (così) pure, anche
auch nicht	non ... neanche, non ... nemmeno, non ... neppure (non abbiamo neanche la merce)
augenblicklich	al / per il momento
ausdrücklich	espressamente
ausführlich	dettagliatamente
ausnahmsweise	eccezionalmente, in via eccezionale
außerdem	inoltre, oltre a ciò
bald	fra / tra poco; presto
beinahe	quasi
beispielweise	per esempio
besonders	particolarmente, in modo particolare
beträglich	considerevolmente, notevolmente
binnen kurzem	tra breve, tra poco
bisher	finora, sinora
dagegen	in compenso, invece, ma
dauernd	continuamente
dennoch	lo stesso, ciononostante
durchaus	assolutamente
ebenfalls	ugualmente
eher	(früher) prima, più presto
eigentlich	(im Grunde) in fondo; (in Wircklichkeit) effettivamente, in realtà,
einerseits ... anderseits	da un lato ... dall'altro
eingehend	(gründlich) a fondo; (lange) a lungo
einzig und allein	unicamente
endlich	infine (schließlich), finalmente
erst	(zuerst) prima, dapprima; (nicht eher) non ... prima di, solamente, solo
erst einmal	anzitutto, prima di tutto
erstens	per prima cosa, prima di tutto
etwa	(ungefähr) circa, più o meno; (zum Beispiel) per esempio
etwas	un poco, un po'
fast	quasi, pressoché
folglich	quindi, per conseguenza
fortwährend	continuamente
früher	prima
frühestens	al più presto
ganz	(verstärkend) tutto; (völlig) del tutto
gegenwärtig	al / per il momento; attualmente
gerade	proprio; (soeben) appena
geringfügig	(leicht) leggermente; (wenig) poco, scarsamente
gern	volentieri
gestern	ieri
gewiss	certamente, senza dubbio
gewöhnlich	di solito
gleich	(sofort) immediatamente, subito
gleichermaßen	ugualmente, nella stessa misura
gleichzeitig	contemporaneamente, nello stesso tempo
gratis	gratis, gratuitamente
größtenteils	in massima parte;
gründlich	accuratamente, a fondo, completamente
heute	oggi
heute Abend	questa sera, stasera
heute Morgen	questa mattina, stamattina
heute Nachmittag	oggi, questo pomeriggio
hinlänglich	abbastanza, sufficientemente
immer	sempre
immer mehr	sempre più
immer noch nicht	non ancora
immer weniger	sempre meno
insbesondere	soprattutto, specialmente particolarmente
insgesamt	complessivamente, in totale, in tutto
inwieweit	quanto, fino a che punto
inzwischen	frattanto, intanto, nel frattempo
irrtümlicherweise	erroneamente, per errore / sbaglio
jedenfalls	ad ogni modo, in ogni caso
jedoch	tuttavia, però
jetzt	adesso, ora
jeweils	ogni volta; (jedesmal wieder) di volta in volta
kaum	appena
keinesfalls	in nessun caso
keineswegs	assolutamente non
kurzfristig	a breve scadenza
kürzlich	in avvenire, per il futuro
lange	a lungo
leider	purtroppo
manchmal	qualche volta, talvolta
maximal	al massimo
mehr und mehr	sempre più
meistens	per lo più
mindestens	almeno, per lo meno
möglicherweise	eventualmente, forse, se è possibile
wenn möglich	se possibile
morgen	domani
nämlich	cioè, vale a dire

natürlich	naturalmente
von neuem	di nuovo, da capo
nicht nur ... sondern auch	non solo ... ma anche
niemals	non ... mai
nirgendwo	non ... da nessuna parte
noch	ancora
nur	solamente, solo, soltanto
offenbar	chiaramente, evidentemente
oft	spesso
ordentlich	bene, come si deve
ordnungsgemäß	debitamente, regolarmente
ordnungshalber	per la (buona) regola
persönlich	personalmente
planmäßig	come previsto, regolarmente
postwendend	a (stretto) giro di posta, a volta di corriere
prompt	prontamente
pünktlich	puntualmente, in orario
rechtzeitig	in tempo, a tempo debito
relativ	relativamente
schließlich	alla fine
schon	già
sehr	molto, tanto
seither	da allora
seit Kurzem	da poco (tempo)
seit Langem	da molto (tempo)
selbstverständlich	è naturale che, naturalmente
selten	di rado, raramente
sicherlich	certamente, sicuramente
so	(Art u. Weise) così, in questo modo (Maß) così, tanto, talmente
sobald wie möglich	il più presto possibile
sodann	dopo, poi
soeben	appena
sofort	immediatamente, subito
somit	quindi, di conseguenza
sonst	(andernfalls) altrimenti; (außerdem) inoltre (gewönlich) di solito
so viel	tanto
so weit wie möglich	per quanto possibile
so wenig wie möglich	il meno possibile
sowohl ... als auch	tanto ... quanto
spät	tardi
später	più tardi
spätestens	al più tardi
in der Tat	infatti, in realtà
tatsächlich	effettivamente, realmente
trotzdem	tuttavia, ciononostante
überall	dappertutto
übermorgen	dopodomani
wie üblich	come al solito
übrigens	d'altronde, del resto
im Übrigen	del resto
umgehend	immediatamente, a giro di posta
unbedingt	assolutamente, in ogni caso (auf jeden Fall)
unentgeltlich	gratis, gratuitamente
ungefähr	circa
unverzüglich	immediatamente, senza indugio,subito
ursprünglich	inizialmente
vergebens	invano
vergleichsweise	comparativamente
verhältnismäßig	relativamente
viel	molto
vielleicht	forse
vielmals	(oft) spesso; (sehr) molto
vielmehr	piuttosto; (im Gegenteil) al contrario, invece
vor allem	soprattutto
im Voraus	anticipatamente, in anticipo
voraussichtlich	probabilmente
vorgestern	l'altro ieri
wahrscheinlich	probabilmente
bis auf Weiteres	fino a nuovo ordine
weiterhin	in avvenire, in seguito
wieder	di nuovo
wirklich	in effetti, realmente, veramente
von Zeit zu Zeit	di tanto in tanto, ogni tanto
zurzeit	attualmente, al / per il momento
ziemlich	abbastanza
zuerst	prima
zufällig	per caso
in Zukunft	in avvenire, in futuro
zunächst	innanzitutto, in primo luogo
zwar	(allerdings) certamente / certo; in effetti;
und zwar	e precisamente
zweifellos	(ohne jeden Zweifel) senza dubbio

Vokabeln (Wörterverzeichnis)

Die Zahlen verweisen auf das Kapitel, in dem das betreffende Wort erstmalig vorkommt. Wörter ohne Kapitelangabe und mit Hinweis auf eine Tabelle haben im Italienischen unterschiedliche Entsprechungen. Bitte in der betr. Tabelle nachschlagen.

Die Zahlen, die Wochentage und Monate, die Wörter des Tagesablaufs sowie die Ländernamen sind in diesem Vokabelverzeichnis nur aufgenommen, sofern sie in den Lektionen vorkommen. Vollständige Übersichten enthalten die Tabellen in Kapitel 25.

ab	s. Tab. Präp.
aber	ma, però 20
abermals	un'altra volta, di nuovo
aber nur	sempre che 22
abnehmen (Waren)	prendere in consegna, ritirare 16
absenden	spedire 5
Absatz	lo smercio, la vendita 20
guten A. finden	vendersi bene 22
absetzen (Waren)	smerciare, vendere 17
Absicht haben zu tun	avere l'intenzione (f.) di fare 16
absolut (Adv.)	assolutamente 22
Abteilung	il reparto 21
abzüglich (Kosten)	dedotto (dedotti i costi)
Adresse	l'indirizzo 1
Afrika	Africa 17
in Afrika	in Africa
Akkreditiv	il credito (documentario), la lettera di credito 3
alle	tutta, tutte, tutti 15
Alleinvertretung	la rappresentanza esclusiva 11
alles	tutto 15
(im) Allgemeinen	in generale 20
allerdings	s. Tab. Adv.
anbei	in accluso, in allegato 9
in Anbetracht	in considerazione di, tenuto conto di
anbieten	offrire 5
andere (r, s)	altro 16
ändern	cambiare, modificare 8
anders	altrimenti in altro modo
Anfrage	la domanda 1
Ihre A. nach	la Vs. d. di / per, relativa a
angeben (Preise etc.)	indicare 10
Angebot	l'offerta 1
Angebot über	l'offerta di / per 16
Angelegenheit	la faccenda, la questione 8
angenehm	gradevole, piacevole 5
ankommen	arrivare 13
Ankunft	l'arrivo 16
Anlage	l'allegato (Abk.: all.) 15
in der Anlage	in / qui allegato
anlässlich	in occasione di
anlaufen (Hafen)	fare scalo a, toccare 23
annehmbar	accettabile 6
annehmen	accettare 3
annehmen, vermuten	pensare, supporre 17
annullieren	annullare 18
Annullierung	l'annullamento 18
anrufen, jdn. a.	telefonare a 19
anstatt zu tun	invece di fare 24
anstelle von	in luogo di, al posto di
Anstrengung	lo sforzo 20
Antwort auf	la risposta a 4
antworten (auf)	rispondere (a) 4
anvertrauen, jdm. etw.	affidare qcosa a qcuno 14
Anweisung	l'istruzione, f. 1
Anwesenheit	la presenza 21
in A. von	in presenza di 21
Anzahl (von)	il numero (di)
Anzeige (i. d. Zeitung)	l'annuncio 1
Arbeit	il lavoro 17
arbeiten	lavorare 6
Arbitrage	l'arbitraggio 21
Art	il modo, il tipo (Sorte) 15
Artikel	l'articolo 1
auch	anche 19
auch (ebenso)	(così) pure, ugualmente
auch ... nicht	non ... neanche, non ... nemmeno, non ... neppure
auf	s. Tab Präp.
aufgeben (Preise etc.)	fissare 21
aufgrund	a causa di 19
Aufmerksamkeit	l'attenzione, f. 15
aufmerksam machen, jdn. auf etw.	fare notare qcosa a qcuno 15
aufrechterhalten	mantenere 10
Aufstellung	la distinta, l'elenco 13
Auftrag	l'ordine, m. 1
Auftragsbestätigung	la conferma dell'ordine 12
Auftragserhalt	il ricevimento dell'ordine 18
Auftragszettel	il biglietto delle ordinazioni 15
augenblicklich (Adv.)	al momento, attualmente 13
aus	s. Tab. Präp.
ausdrücklich	espressamente
Ausfertigung	la copia, l'esemplare m. 10
in zweifacher A.	in duplice copia, in due copie 10
in dreifacher A.	in triplice copia, in tre copie 10
ausführen (Auftrag)	eseguire 5
ausführlich	dettagliatamente
Ausführung (Auftrag)	l'esecuzione, f. 7
ausgezeichnet	ottimo 5
Auskunft (über)	l'informazione (su) f. 17
Ausland	l'estero 20
im (ins) Ausland	all'estero 20
ausländisch	straniero 20
Ausnahmerabatt	il ribasso eccezionale, il r. speciale 18
ausnahmsweise	eccezionalmente, in via eccezionale
ausreichend	sufficiente 16
Ausschuss	lo scarto 23
außer	salvo
außer Acht lassen	non tenere conto di, tralasciare
außerdem	inoltre, oltre a ciò
außergewöhlich	eccezionale, straordinario 5
äußerst (Adv.)	estremo, estremamente 16
ausverkauft	esaurito 18
Autotransport	il trasporto stradale/su strada 20
avisieren	notificare 21
Bahntransport	il trasporto ferroviario/ per ferrovia 20
bald	presto 10
Bank	la banca 1
Basis (auf B.)	in base a 23
beabsichtigen zu tun	avere l'intenzione di fare 16 intendere fare (Anm. 4)
beachten	osservare 3

Bedarf	il fabbisogno 3
bedauern zu tun	dispiacere / rincrescere a qcuno (di) fare 16
wir bedauern ...	ci dispiace di 16
Bedauern	il rincrescimento
zu unserem lebhaften B.	con ns. vivo rincrescimento
bedeutend	importante 5
Bedingung	la condizione, f. 1
unter der B., dass	a condizione che + Konj., a patto che + Konj. 22
s. beeilen zu tun	affrettarsi a fare 11
s. befassen mit	occuparsi di 11
beenden	finire (io finisco) di fare 7
befolgen (Anweisungen)	seguire (le istruzioni) 18
befürchten, dass	avere paura di, temere di + Inf.; avere paura che, temere che + Konj. 22
beginnen (etw. zu tun)	cominciare, iniziare 22 (a fare qcosa 25)
behalten	tenere, trattenere 13
Behörden	le autorità 19
bei	s. Tab. Präp.
beifügen, etw. einer Sache	allegare qcosa a qcosa 25
beinahe	quasi 23
beispielweise	per esempio
bekannt	conosciuto 14
bekommen	ricevere 7
belasten, jdn. mit etw.	addebitare qcosa a qcuno 23
s. belaufen auf (Rechnung)	ammontare a 11
(Lieferzeit)	essere
d. Lieferzeit beläuft sich auf 6 Wochen	i tempi di consegna sono di 6 settimane
s. bemühen, etw. zu tun	sforzarsi di fare qcosa 25
berechnen (fakturieren)	fatturare 22
bereit sein zu tun	essere disposto / essere pronto a fare 8
berücksichtigen	tenere conto di 24
u. Berücksichtigung von	tenendo conto di 24
besagt	detto 20
besagter Artikel	il detto articolo 20
beschädigen	danneggiare 21
Beschädigung	il danno
beschließen, etw. zu tun	decidere di fare qcosa
Beschwerde	il reclamo 1
s. beschweren über etw.	lamentarsi di qcosa 14
besonders	particolarmente 16
besser (Adj.)	migliore 6
es ist b., etw. zu tun	è meglio fare qcosa 25
Bestandteil sein von	fare parte di 23
bestätigen, Empfang	accusare ricevuta di 3
bestätigen (die eigene Mitteilung)	confermare
bestehen auf	insistere in / su 24
bestellen	ordinare 16
Bestellung	l'ordinazione, f. 1
sein Bestes tun	fare del proprio meglio (io faccio del mio meglio)
Bestimmungshafen	il porto di destinazione 16
Bestimmungsort	il luogo di destinazione 16
jdn. besuchen	fare visita a qcuno
beträchtlich (Adj.)	considerevole 16
beträchtlich (Adv.)	considerevolmente 16
Betrag	l'importo/la somma 15
betreffend (Adj.)	in questione 17
der b. Artikel	l'articolo in questione 17
betreffs	s. Tab. Präp.
bevollmächtigen, jdn. etw. zu tun	autorizzare qcuno a fare qcosa 24
bevor	prima che + Konj. 22
bewusst, sich einer Sache b. sein	rendersi conto die qcosa 25

bezahlen	pagare 3
Bezahlung	il pagamento 1
s. beziehen auf	riferirsi a 11
bezweifeln, dass	dubitare di + Inf., dubitare che + Konj. 22
billig	a basso / buon prezzo, a buon mercato 16
billig kaufen	comprare a buon prezzo 16
billig verkaufen	vendere a buon prezzo 16
binnen	s. Tab. Präp.
binnen Kurzem	tra/fra poco
bis	s. Tab. Präp.
bis (Konjunktion)	finchè, fino a che 22
bis auf Weiteres	fino a nuovo ordine
bisher	finora 20
bitte (+ Inf.)	vogliate + Inf. 9
Bitte um etw.	la domanda di / per
bitten, jdn. etw. zu tun	chiedere / domandare a qcuno di fare qcosa 9 pregare qcuno di fare qcosa 9
bitten, jdn. um etw.	chiedre / domandare qcosa a qcuno 9
bleiben	restare 8, rimanere 10
Branche	il ramo, il settore 6
brauchen, etw.	avere bisogno di qcosa 6
Brief	la lettera 1
Brüssel	Bruxelles 24
Büro	l'ufficio 7
cent	cent, centesimo 13
da (am Satzanfang)	siccome, poiché, dato che 11
dagegen	in compenso, invece, ma
damit	affinchè, perchè + Konj. 22
dank	grazie a
dankbar, jdm. d. sein	essere grato a qcuno 18
danken, jdm. für etw.	ringraziare qcuno di / per qcosa 9
das bedeutet, dass	ciò / questo significa che 7
das heißt	cioè, vale a dire 7
das ist	è 5
das sind	sono 5
dass	che 9
das Datum	la data 7
dauernd	continuamente
Debitnote	nota di addebito 23
decken (Bedarf, Versicherung)	coprire 5
denken (meinen)	credere, pensare 22
dennoch	lo stesso, ciononostante
deshalb	perciò, per questo 14
deswegen	perciò, per questo 14
deutsch	tedesco 5
dienen, zu etw. d.	servire a qcosa 25
dieser	questo 5
Direktor	il direttore 18
Dokument	il documento 19
dringend brauchen	avere urgente bisogno di 17
dürfen	potere 8
durch	s. Tab. Präp.
durchaus	assolutamente
ebenfalls	ugualmente
ebenso (günstig)	altrettanto, ugualmente (favorevole) 15
ebenso – wie	(tanto) ... quanto, (così) ... come 20
eher (früher)	prima, più presto
eigentlich	s. Tab. Adv.
einerseits ... andererseits	da un lato ... dall'altro
einführen (importieren)	importare 3

einführen (auf den Markt bringen)	introdurre, immettere(nel / sul) mercato) 8
Einführungsrabatt	il ribasso-lancio, il ribasso promozionale 10
eingehend	s. Tab. Präp.
einhalten (Termine, Bedingungen)	osservare, rispettare 14
einige	alcuni / e, qualche (+Sing.) 6
Einkauf	l'acquisto 24
einlagern	immagazzinare 15
Einlagerung	l'immagazzinamento, la messa a magazzino 24
einschließlich	incluso 21
(ein)sparen	risparmiare 24
eintreten in (Geschäftsbeziehungen)	entrare in relazioni d'affari 14
einverstanden sein mit etw.	essere d'accordo su qcosa 20
einverstanden sein mit jdm.	essere d'accordo con qcuno 20
einwilligen in etw. (etw. zu tun)	(ac)consentire a qcosa (a fare qcosa) 25
Einzelheit	il dettaglio,il particolare 15
einzig und allein	unicamente
E-Mail	l'e-mail (f.), posta elettronica 11
Empfang	il ricevimento 15
empfangen	ricevere 14
empfehlen, jdm. etw.	raccomandare qcosa a qcuno 10
Ende	la fine 10
Ende Juni	la fine di giugno 10
endlich	infine, finalmente
entgegen	contrariamente a
enthalten	contenere (con + tenere) 12
entladen	scaricare 21
Entladung	lo scaricamento, lo scarico 21
entnehmen (aus einem Brief etc.)	apprendere da 11
Entscheidung	la decisione
s. entschließen zu tun	decidersi a fare 11
entschlossen sein, etw. zu tun	essere deciso a fare qcosa 25
s. entschuldigen für etw.	scusarsi di / per qcosa 25
entsprechen	corrispondere a 6
entsprechend (Adv.)	conformemente a 16
erfolgen durch (Zahlung)	avvenire (a + venire) con / per, avere luogo con / per 19
erforderlich sein	essere necessario 22
erfreut sein über etw.	essere lieto di qcosa 25
erfreut sein, etw. zu tun	essere lieto di fare qcosa 25
Erhalt	il ricevimento 15
nach E.	dopo (il) ricevimento 15
erhalten (durch Einsatz)	ottenere 12
erhalten (ohne Einsatz)	ricevere 14
erhöhen	aumentare 8
Erhöhung	l'aumento
erinnern, jdn. an etw.	ricordare qcosa a qcuno 23
s. erlauben zu tun	permettersi di fare 11
erlauben, jdm.etw.zu tun	permettere a qcuno di fare qcosa 10
ermächtigen, jdn. etw. zu tun	autorizzare qcuno a fare qcosa 24
ermäßigen (um)	abbassare (di) 3, diminuire (di) 5, ribassare(di) 3, ridurre (di) 8
Ermäßigung	la riduzione
Ernte	il raccolto 18
Ersatzteil	il pezzo di ricambio 14
erst (zeitl.)	solamente, solo, soltanto 21 s. auch Tab. Adv.
Erstauftrag	il primo ordine 5
erstaunt sein (über)	essere meravigliato (di) 22
erst einmal	anzitutto, prima di tutto

erstens	per prima cosa, prima di tutto
erster	primo 5
erteilen (Auftrag)	passare 3, conferire (io conferisco)5
erwähnen	menzionare 16
erwarten	aspettare, attendere 4
es gibt	c'è (Sing.), ci sono (Pl.) 17
etwa	s. Tab. Adv.
etwas (Adv.)	un poco, un po' 20
Euro	l'euro
europäisch	europeo 23
Explosionsgefahr	il pericolo di esplosioni (f. Pl.)
24 Export	l'esportazione, f. 1
Exporteur	l'esportatore, m. 1
exportieren	esportare 3
Fabrikant	il fabbricante, 1
fähig sein, etw. zu tun	essere capace di fare qcosa 25
fahren	andare 14
Fall	il caso 11
im F. von	in caso di 11
falls	se 18, caso mai, nel caso che, qualora 22
fast	quasi, pressoché
Fass	il barile 7
Fax	il fax (Pl. i fax) 14
fehlen	mancare 3
fehlend	mancante 14
Fehler	l'errore, m. 24
fest (Angebot)	fissa (l'off. fissa) 10
fest (Adj.)	fisso, solido 18
festsetzen (Bedingungen)	fissare 14
feststellen	accertare, constatare 14
finanziell	finanziario 17
Firma	la ditta 1
finden	trovare 15
folgen	seguire 7
folgend	seguente 10
folglich	quindi, per conseguenza
fortlaufend	consecutivo 21
fortwährend	continuamente
Fracht	il nolo, (il prezzo di) trasporto 11
Frachtrate	il tasso di nolo 21
fragen	chiedere, domandare 13
fraglich (Adj.)	in questione 20
die f. Firma	la ditta in questione
frei Grenze	franco confine 19
Bahnhof B.	franco stazione (di) B.
Haus	franco domicilio
freibleibend (Angebot)	senza impegno 11
freundlich	gentile (essere così gentile da fare) 19
sich freuen über	essere lieto / soddisfatto di 5
Frist	il termine, la scadenza 7
fristgerecht	entro il termine stabilito 22
froh sein, dass	essere lieto di +Inf., essere lieto che + Konj. 22
frühestens	al più presto
früher	prima 12
früher (ehemalig)	di prima
Frucht	il frutto 17
für	per 12, s. auch Tab. Präp.
ganz	tutto 15, s. auch Tab. Adv.
geben	dare 3
Gefahr laufen zu tun	rischiare di fare 25
gegen	contro 15, s. auch Tab. Präp.
gegenüber	s. Tab. Präp.
Gegenvorschlag	la controproposta 18

gegenwärtig (Adj.)	attuale, presente 9
gegenwärtig (Adv.)	al / per il momento, attualmente
gehen	andare 14
gelingen zu tun	riuscire a fare 23
gemäß	secondo 9 conformemente a 16
genau (Adj.)	esatto, giusto 16
genau (streng) (Adv.)	rigorosamente, strettamente 16
genug	abbastanza 16
genügend (+ Subst.)	abbastanza 7
genügt, es g., dass	basta che 22
gerade	s. Tab. Adv.
geringfügig	s. Tab Adv.
gerne	volentieri 19
Gesamtwert	il valore complessivo, il v. globale, il v. totale 24
Geschäft	l'affare, m. 1
ein gutes G. machen	fare un buon affare 17
ein schlechtes G. machen	fare un cattivo affare 17
Geschäftsbeziehung	la relazione commerciale, la relazione d'affari 14
Geschäftsfreund	il corrispondente 8
Gespräch	la conversazione 11
gestern	ieri 14
getrennt (Adv.)	a parte, separatamente 23
gewähren	accordare 3, concedere 4
Gewinn	il profitto 24
gewiss (Adv.)	certamente, sicuramente 16 senza dubbio
gewisse(r) (+ Subst.)	certo 17
gewöhnlich (Adv.)	di solito 19
gewünscht	desiderato, domandato, richiesto 14
glauben	credere, pensare 19
gleich (sofort)	subito 7, immediatamente 16
gleich nach Erhalt	subito / immediatamente dopo (il) ricevimento
gleich, der-die, (Adj.)	medesimo, stesso 15
gleichermaßen	ugualmente, nella stessa misura
gleichzeitig	contemporaneamente, nello stesso tempo
gratis	gratis, gratuitamente
Grenze	il confine, la frontiera 19
groß	grande 5
groß (bedeutend)	importante 5
größtenteils	in massima parte
gründlich	accuratamente, a fondo, completamente
Gruß	il saluto 24
mit freundlichen Grüßen verbleiben	(porgere) distinti saluti/ con i migliori saluti 24
Gunst	il favore 8
zu Ihren Gunsten	a Vs. favore 8
günstig	conveniente, favorevole 5
gut (Adj.)	buono 5
gut (Adv.)	bene 16
gutschreiben, jdm. etw.	accreditare qcosa a qcuno 15
haben	avere 2
halb	mezzo 5
Hafen	il porto 23
Hälfte	la metà 14
halten	tenere s. Tab. Verben 10
Handelskammer	la Camera di Commercio 14
es handelt sich um	si tratta di 11
helfen, jdm. etw. zu tun	aiutare qcuno a fare qcosa 11
Herkunft	la provenienza 23
Herr	il signore 2
Herr Rossi	il signor Rossi 2
herstellen	fabbricare 4, produrre 8
Herstellung	la fabbricazione, la produzione 17
heute	oggi 9
heute Abend	questa sera, stasera
heute Morgen	questa mattina, stamattina 21
heute Nachmittag	questo pomeriggio
heutig	di oggi, odierno 11
hier	qua, qui 3
hiermit	con la presente (lettera) 8
hiesig	di questa città, di qui, locale 14
hinlänglich (Adv.)	abbastanza, sufficientemente
hinsichtlich	s. Tab. Präp.
hinweisen auf etw.	indicare qcosa a qcuno 24
hinweisen (aufmerksam machen) auf etw.	attirare l'attenzione su qcosa 21
hoch	alto 5
hoffen, etw. zu tun	sperare di fare qcosa 15
honorieren (Wechsel)	onorare (una cambiale) 24
Ihrerseits	da parte Vostra 23
illustriert	illustrato 10
im	s. Tab. Präp.
imaginär	immaginario 24
immer	sempre 14
immer mehr	sempre più
immer noch	sempre
immer noch nicht	non ancora
immer weniger	sempre meno
Import	l'importazione,f. 1
Importeur	l'importatore, m. 1
importieren	importare 3
in	a, in 2, s. auch Tab. Präp.
in Italien	in Italia 2
in Mailand	a Milano 2
in acht Tagen	fra / tra otto giorni (nach Ablauf von) 15 entro / in otto giorni (innerhalb von) 15
Information über	l'informazione, f. su 13
s. informieren über etw.	informarsi di / su qcosa 25
inklusive	incluso
innerhalb	s. »in« Tab. Präp.
insbesondere	s. Tab. Adv.
interessant	interessante 5
Interesse	l'interesse, m. 18
s. interessieren für	interessarsi a / di 11
interessiert sein an etw.	essere interessato a qcosa 25
inwieweit	s. Tab. Adv.
inzwischen	frattanto, nel frattempo, intanto 14
s. irren	sbagliarsi 16
Irrtum	l'errore, m. 14
mir ist e. Irrtum unterlaufen	ho fatto (commesso) un errore 14
irrtümlicherweise	erroneamente, per errore, per sbaglio
italienisch	italiano
Jahr	l'anno 14
jede(r)	ogni (+ Sing. f. und m.) 23
jede(r) beliebige(r)	chiunque 23
jedenfalls	ad ogni modo, in ogni caso
jedoch	tuttavia, però
jetzt	adesso, ora
jener (der dort)	quello 6
jeweils	ogni volta, di volta in volta
Juni	giugno 16
Kaffee	il caffè 7
Katalog	il catalogo 1
der neueste K.	l' ultimo catalogo 5
Kauf	l'acquisto
kaufen	acquistare, comprare 3
Käufer	il compratore 1
Kaufvertrag	il contratto di compravendita 21
kaum	appena
keinesfalls	in nessun caso
kennen	conoscere 13

Kilo	il chilo 7
Kiste	la cassa 7
klein	piccolo 5
kommen	venire 10
Konkurrent	il / la concorrente 20
Konkurrenz	la concorrenza 1
konkurrenzfähig	competitivo, concorrenziale 5
können	potere 8
Konossement	la polizza di carico 1
Kontakt aufnehmen mit jdm.	mettersi in contatto con qcuno, contattare qcuno 12
Konto	il conto in banca 13
Kontraktabschluss	la stipula del contratto 21
kontrollieren	controllare 16
Kopie	la copia 15
Kosten	il costo, la spesa 15
kostenlos	gratuito 21
Kredit	il credito 1
Kunde	il cliente 1
Kundenkreis	la clientela 20
künftig (Adv.)	in avvenire, in / per il futuro 20
künftig (Adj.)	futuro 20
kurz	breve, corto 16
kurzfristig	a breve scadenza, a breve termine 14
kürzlich	poco tempo fa, recentemente 16
Lage	la condizione 10
in der Lage sein	essere in grado di, essere in condizione di 10
Lager	il deposito, il magazzino 1
auf Lager haben	avere in deposito, in magazzino, in stock 6
Lagerschuppen	il deposito, il magazzino 18
lang	lungo 6
lange (Adv.)	a lungo, per molto tempo 10
lassen (veranlassen)	fare (+ Inf.)
Lasten, zu Ihren L.	a Vostro carico 9
Lastwagen	l'autocarro, il camion 23
lebhaft (Adv.)	vivamente 16
legen	mettere, porre 10
leicht (Adv.)	facilmente 16
leider	purtroppo 13
lesen	leggere 9
letzte,r	passato, scorso 5
letzte,r (neueste/r)	l'ultimo 5
lieber wollen, dass	preferire (io preferisco) che + Konj. 22
Lieferant	il fornitore 1
Lieferbedingung	la condizione di consegna 8
Lieferfrist	il termine di consegna 6
liefern	consegnare, fornire 6
Liefertermin	il termine di consegna 14
Lieferung	la consegna, la fornitura 1
Lieferverzug	il ritardo nella consegna 24
LKW	l'autocarro, il camion 23
Luftfracht	il nolo aereo, il trasporto aereo 15
per Luftfracht	trasporto merci (per) via aerea 15
Luftpost	la posta aerea 9
per Luftpost	per posta aerea, via aerea 9
Lufttransport	il trasporto aereo, il t. per via aerea 20
machen	fare 9
Mal	la volta 20
man	si 21
manchmal	qualche volta, talvolta 20
Markt	il mercato 8
auf dem Markt	nel / sul mercato 8
Marktlage	la situazione del mercato 16
Maschine	la macchina 13
maximal	al massimo
mehr und mehr	sempre più
mehrere	parecchi / parecchie, più (f. und m. Pl.)
Mehrwertsteuer	l'imposta sul valore aggiunto (IVA)
am meisten	di più, più di tutto 20
die meisten (+ Subst.)	la maggior parte di 17
meistens	per lo più, quasi sempre 17
Menge	la quantità, il quantitativo 1
Messe	la fiera 7
minder(wertig)	(di qualità) inferiore a 18
mindestens	almeno, come minimo 18
Mindestmenge	la quantità minima 22
mit	con 13 s. auch Tab. Präp.
mitteilen	informare qcuno di qcosa 7 comunicare 17
Mitteilung	l'informazione, f.
Modell	il modello 15
mögen (gern)	piacere a qcuno 22
wir mögen	ci piace
möglich	possibile 15
es ist m. zu tun	è possibile fare 15
wenn möglich	se possibile
möglicherweise	s. Tab. Adv.
Möglichkeit zu tun	la possibilità di fare 18
sein Möglichstes tun	fare (tutto) il possibile 15
Monat	il mese 8
der 3. des Monats	il 3 corrente mese (il 3 corr., il 3 c.m.) 8
der 3. des vergangenen Monats	il 3 ultimo scorso (il 3 u.s.) 8
der 3. des nächsten Monats	il 3 prossimo venturo (il 3 p.v.) 8
morgen	domani 13
müssen	dovere 8
Muster	il campione 1
Musterauswahl	il campionario 22
Musterziehung	la campionatura 21
nach (zeitlich)	dopo 12 s. auch Tab. Präp.
nach (gemäß)	secondo
Nachricht	la notizia 16
von Ihnen N. erhalten	ricevere Vs. notizie nächste,r
prossimo 15	
nämlich	cioè, vale a dire
natürlich (Adv.)	naturalmente
neben	s. Tab. Präp.
nehmen	prendere 13
Neige, zur N. gehen	esaurirsi (io mi esaurisco) 11
neu	nuovo 5
von neuem	di nuovo, da capo
nicht nur ... sondern auch	non solo ... ma anche
niedrig	basso 5
niemals	non ... mai 4
noch nicht	non ... ancora 4
noch einmal	ancora una volta 19
normal	normale 19
nötig	necessario 22
es ist n., dass	bisogna che, è necessario che 22
notwendig	necessario 18
nummerieren	numerare 21
Nummer	il numero 7
nun	ormai 19
nur	solamente, solo, soltanto 8
ob	se 9
oben erwähnt	di cui sopra, suddetto, summenzionato 14
obgleich	benchè + Konj., malgrado (che) + Konj., sebbene + Konj, quantunque + Konj. 22

Obst	la frutta 17
offenbar	chiaramente, evidentemente
öffnen	aprire 5
ohne	senza 17 s. auch Tab. Präp.
ordentlich	bene, come si deve
ornungsgemäß	debitamente, regolarmente
ordungshalber	per (la) buona regola 21
Partie	la partita 16
per	s. Tab. Präp.
persönlich	personalmente
planmäßig	come previsto, regolarmente
positiv (Adv.)	favorevolmente 22
Post	la posta 9
mit getrennter P.	a parte, separatamente 9
mit gleicher P.	con lo stesso giro di posta 9
postwendend	a (stretto) giro di posta 9
Preis	il prezzo 1
z. e. Preis anbieten	offrire a un prezzo 6
Preisliste	il listino (dei prezzi) 1
Preisnachlass	la riduzione di / sul prezzo, lo sconto di / sul prezzo 13
preiswert	a buon mercato, economico 16
pro	a / per
pro Jahr	all'anno, per anno
Probeauftrag	l'ordine (a titolo) di prova 10
Problem	il problema (Pl. i problemi) 7
Produkt	il prodotto 11
Produktion	la produzione 16
profitieren von etw.	approfittare di 25
Proformarechnung	la fattura pro forma 15
prompt	pronto 16
Prospekt	il prospetto 14
Prozent	per cento 6
prüfen	esaminare 3
pünktlich (Adv.)	puntualmente 16
Qualität	la qualità 1
Rabatt	il ribasso 1
raten, jdm. etw. z. tun	consigliare a qcuno di fare qcosa 10
rechnen mit	contare su, fare conto su 18
Rechnung	la fattura 1
Rechnungsbetrag	l'importo della fattura 3
recht	molto, proprio 13
rechtzeitig	in tempo 14
Referenzen	le referenze 17
regelmäßig	regolare 16
regeln	regolare 22
reich	ricco 19
Reis	il riso 16
relativ (Adv.)	relativamente
Risiko	il rischio 15
ein R. eingehen	correre un rischio 25
Rohstoff	la materia prima 14
Ruf	la fama, la reputazione 6
Sack	il sacco 7
sagen	dire 9
Saison	la stagione 17
sämtliche	tutti i, tutte le 19
Sauerstoffflasche	la bombola di ossigeno 24
schade, es ist sch., dass	(è) peccato che + Konj. 22
Schaden	il danno 21
Scheck	l'assegno 6
scheinen zu tun	sembrare fare 22
schicken	inviare 3, mandare 3, spedire (io spedisco) 5
Schiff	la nave 23
schlecht (Adj.)	cattivo, scadente 5
schlecht (Adv.)	male 16
schließlich	alla fine
schnell (Adj.)	rapido, veloce 16
schnell (Adv.)	rapidamente, velocemente 16
so sch. wie möglich	il più presto possibile 6
schon	già 6
schreiben	scrivere 13
schulden, jdm. etw.	dovere qcosa a qcuno, essere debitore a qcuno di qcosa
Schuppen	il capannone 18
schwierig	difficile 7 s. auch 24
Schwierigkeit	la difficoltà 14
Schw. haben zu tun	avere difficoltà a fare 17
Sekretärin	la segretaria 18
seemäßig	marittimo 21
Seetransport	la spedizione marittima, il trasporto per via mare 20
sehen	vedere 4
sehr	molto 5
sehr viel (länger)	molto più 20
sein	essere 2
seit Kurzem	da poco (tempo)
seit Langem	da molto (tempo) 6
seit wann	da quanto tempo 12
seitens	da parte di
seither	da allora
selbstverständlich	è naturale che, va da sè che
selten (Adv.)	di rado, raramente
senden	mandare inviare 3
Sendung	l'invio, la spedizione 1
sicher	certo, sicuro 9
sicherlich	certamente, sicuramente
Situation	la situazione 19
Skonto	lo sconto 1
so	così 18, s. auch Tab. Adv.
sodass	così che + Konj., cosicchè + Konj. 22
sobald wie möglich	il più presto possibile
sodann	dopo, poi
soeben	appena 14
sofern nicht	a meno che non + Konj.
sofort	immediatamente 11, subito 22
solch, ein solcher eine solche	tale 14, un tale, una tale
solide	resistente 20
sollen	dovere 8
Sonder...	speciale 5
sonst	s. Tab. Adv.
sorgen	provvedere a 21
Sorgfalt	l'accuratezza, la cura 8
mit größter Sorgfalt	con la più grande cura 8
sorgfältig (Adj.)	accurato 16
sorgfältig (Adv.)	accuratamente, con cura 16
so viel (+ Subst.)	tanto 17
so weit wie möglich	per quanto possibile so wenig
wie möglich	il meno possibile
sowie	come anche, e anche, come pure 10
sowohl ... als auch	tanto ... quanto
spät	tardi 19
später	più tardi
spätestens	al più tardi
Spediteur	lo spedizioniere 18
spezialisiert sein in etw.	essere specializzato in qcosa
Sprache	la lingua 17
sprechen mit jdm.	parlare a / con qcuno 12
spr. über	parlare di 12
standhalten, d. Konkurrenz	fare fronte, resistere alla concorrenza 13
ständig (Adv.)	continuamente 16
stark	forte 5

statt	invece di, in luogo di
steigern	aumentare 14
stellen	mettere, porre 10
stets	sempre 20
Stocklotmuster	il campione prelevato da un lotto determinato 24
streng	rigoroso, severo 21
Stück	il pezzo 12
Stunde	l'ora 7
suchen	cercare 14
Summe	la somma 15
Tag	il giorno 15
in der Tat	infatti, in realtà
tatsächlich	effettivamente, realmente
technisch	tecnico 15
Tee	il tè 7
Teil	la parte 13
Teillieferung	la consegna parziale 21
teilnehmen an	prendere parte a 25
Teilsendung	la spedizione parziale 15
telefonieren, mit jdm.	telefonare a qcuno 25
teuer	caro 16
teuer kaufen	comprare caro, comprare a prezzo alto 16
teuer verkaufen	vendere caro, vendere a prezzo alto 16
Tonne	la tonnellata 7
Transport	il trasporto 20
Transportkosten	i costi di trasporto, le spese di trasporto 22
trotz	malgrado, nonostante
trotz alledem	malgrado tutto
trotzdem	tuttavia, ciononostante
tun	fare 9
über	s. Tab. Präp.
überall	dappertutto
übergeben	trasmettere 14
wie üblich	come al solito
übermorgen	dopodomani
überprüfen	controllare, verificare 24
überrascht sein, dass	essere sorpreso di + Inf., essere sorpreso che + Konj. 22
übersteigen	superare 23
überweisen	trasferire (io trasferisco) 5
Überweisung	trasferimento, versamento
überwinden (Schwierigkeiten)	superare (le difficoltà) 24
überzeugt sein	essere convinto di 15
übrigens	d'altronde, del resto
im Übrigen	del resto
um	s. Tab. Präp.
um zu + Inf.	per + Inf.
umfassen (enthalten)	comprendere 12
umgehend	subito 11 s. auch Tab. Adv.
umladen	trasbordare 16
Umladung	il trasbordo 18
Umsatz	il giro d'affari 20
unangenehm	sgradevole, spiacevole 5
unannehmbar	inaccettabile 6
unbedingt, auf jeden Fall	assolutamente, in ogni caso 16
und	e 10
unentgeltlich, gratis	gratuitamente
ungefähr	circa
unmittelbar nach	immediatamente / subito dopo 16
unmöglich	impossibile 22
unter	s. Tab. Präp.
unterbreiten	sottomettere, sottoporre 10
Unternehmen	l'impresa 20
unterschiedlich (Adj.)	differente, diverso
unterschreiben	firmare 19
Unterschrift	la firma
unverzüglich	s. Tab. Adv.
unwiderruflich	irrevocabile 24
ursprünglich (Adv.)	inizialmente
Ursprungszeugnis	il certificato di origine 10
veranlassen jdn. etw. zu tun	indurre qcuno a fare qcosa 15
Verbindung	il contatto 12
s. in Verbindung setzen mit jdm.	mettersi in contatto con qcuno / contattare qcuno 12
verbunden, jdm. v. sein	essere obbligato verso qcuno 18
vereinbart (Bedingung)	concordato, pattuito 21
verfügen über	disporre di, avere a disposizione 13
Verfügung	la disposizione 19
jdm. etw. zur V. stellen	mettera qcosa a disposizione di qcuno 19
vergebens	invano
vergessen etw. zu tun	dimenticare di fare qcosa 25
vergleichsweise	comparativamente
verglichen mit	in confronto a, a paragone di
verhältnismäßig (Adv.)	relativamente 16
verhandeln	trattare 24
Verhandlung	la trattativa
Verkauf	la vendita 14
verkaufen	vendere 4
Verkäufer	il venditore 1
Verkaufsbedingung	la condizione di vendita 8
Verladebahnhof	la stazione di caricamento, la stazione di carico 21
Verladehafen	il porto d'inbarco 21
verladen (nach)	caricare, imbarcare (Schiff) (per)
Verladung	il carico,l'imbarco (Schiff) 11
verlangen	pretendere (ho preteso), volere, chiedere 22
verlängern	prolungare 24
Verlängerung	il prolungamento
vermeiden, etw. zu tun	evitare di fare qcosa 15
vermuten	supporre 17
verpacken	imballare 16
Verpackung	l'imballaggio 11
einschließlich V.	imballaggio incluso 11
s. verpflichten zu tun	impegnarsi a fare 11
Versand	l'invio, la spedizione 1
Versandanweisung	l'istruzione (f.) di spedizione 1
Versandanzeige	l'avviso di spedizione
versandbereit sein	essere pronto per la spedizione 21
verschicken	spedire 5
verschieden	differente, diverso 17
versehen (markieren) mit	munire di (contrassegnare con) 21
versichern	assicurare 3
Versicherung	l'assicurazione, f 3
Versicherungspolice	la polizza di assicurazione 15
versiegeln mit	sigillare con 21
versprechen jdm. v. etw. zu tun	promettere a qcuno di fare qcosa 10
es versteht sich von selbst	si capisce, è ovvio, va da sè 18
s. verstehen	intendersi 11
versuchen, etw. zu tun	cercare di fare 19
Versuchsauftrag	s. Probeauftrag
Vertrag	il contratto 19
vertreten	rappresentare
Vertreter	il rapprersentante 1
vervollständigen	completare 22

verzichten auf	rinunciare a 24
Verzollung	lo sdoganamento 18
via	via 18
viel,e	molto / i, molta / e 5
vielleicht	forse
vielmals (oft)	spesso
(sehr)	(molto)
vielmehr	piuttosto
(im Gegenteil)	al contrario, invece
vom (Datum)	del, datato (Adj.) il
von	s. Tab. Präp.
vor (zeitlich)	prima di 10
vor (v. Zeitpunkt des Sprechers zurück gerechnet)	fa 14
vor 2 Jahren	2 anni fa
vor allem	soprattutto
im Voraus	anticipatamente, in anticipo
vorausgesetzt, dass	ammesso che + Konj., (sup)posto che + Konj. 22
voraussichtlich	probabilmente
Vorauszahlung	l'anticipo, il pagamento anticipato 24
vorbehaltlich	con riserva di, salvo
v. Zwischenverkauf	salvo il venduto
vorgestern	l'altro ieri
vorhaben, etw. zu tun	contare di fare qcosa, intendere fare qcosa 25
vorher	prima 18
voriger(r)	passato, scorso 5
vorlegen (präsentieren)	presentare 19
vornehmen (Zahlung etc.)	effettuare 3
Vorrat	la scorta, lo stock 8
Vorschlag	la proposta 13
vorschlagen, jdm. v. etw. zu tun	proporre a qcuno di fare qcosa 10
vorsehen (planen)	prevedere 25
Vorstellung	l'idea 22
s. eine V. machen von	farsi un'idea di 22
vorteilhaft	vantaggioso 5
vorziehen, etw. zu tun	preferire (io preferisco) fare qcosa 22
während	mentre 18, durante (+ Subst.)19
wahrscheinlich (Adv.)	probabilmente 16
wann	quando 12
Ware	la merce 1
warten	aspettare, attendere 4
warum	perché 10
was	che cosa 12
was anbetrifft	circa, per quel che riguarda, quanto a
Wechsel	la cambiale 24
wegen	a causa di 19 s. auch Tab. Präp.
wegfahren	partire 14
weggehen	partire 14
weil	perché 10
Wein	il vino 7
weitere (+ Subst.)	altri / altre, ulteriori 17
bis auf Weiteres	fino a nuovo ordine
weiterhin	in avvenire, in seguito
welche,r	quale, quali 12
wen	chi 12
s. wenden an	rivolgersi a 11
wenig	poco 5
w. (+ Subst.)	poco / pochi, poca / poche 5
wenn	se 8
wenn nur	purchè + Konj. 22
wer	chi 12
werden (Vollverb)	divenire, diventare 10
wichtig	importante 5
wie	come 12
wieder	ancora, di nuovo 19
wie viel	quanto 12
w. (+ Subst.)	quanto / i, quanta / e 12
wieso	perché 12
Wille	la volontà 24
wirklich (Adv.)	realmente, veramente 16
wissen	sapere 7
wissen lassen	fare sapere 18
wo	dove 12
Woche	la settimana 15
nächste Woche	la prossima settimana 15
wohin	dove 12
wollen	volere 8
Wunsch	il desiderio 18
wünschen (für andere)	augurarsi che 22
wünschen	desiderare 22
zählen zu	rientrare in / tra 25
zahlreich	numeroso 5
Zahlung	il pagamento 1
Zahlungsbedingung	la condizione di pagamento 8
Zeichen	il contrassegno, il marchio 21
zeigen	mostrare 24
Zeit	il tempo 22
von Zeit zu Zeit	di tanto in tanto, ogni tanto
zurzeit	attualmente, al / per il momento 22
ziehen (Muster)	prelevare 21
ziemlich	abbastanza 16
Zoll	la dogana 18
Zollgebiet	l'area doganale, la zona doganale 18
Zollschuppen	il magazzino doganale 18
zu (sehr) (Adj.)	troppo 5
zuerst	prima
zufällig	per caso 16
zufrieden mit	lieto di, soddisfatto di 5
zufrieden sein mit	essere, restare, rimanere soddisfatto di 23
Zufriedenheit	la soddisfazione 21
zu Ihrer vollen Z.	con Vostra piena soddisfazione 21
zufriedenstellen	soddisfare 21
zugunsten von	a favore di
zukommen lassen	fare arrivare, fare avere, fare pervenire 9
Zukunft	l'avvenire, f. il futuro 19
in Zukunft	in avvenire, in / per il futuro 19
zum	s. Tab. Präp.
zunächst	innanzitutto, in primo luogo
zurückhalten	trattenere 14
zurückkommen	(ri)tornare 14
zurückweisen	respingere, rifiutare 23
zusagen	soddisfare qcuno 10
zusammenarbeiten mit	collaborare, cooperare con 13
zusätzlich (Adj.)	addizionale, supplementare 17
Zustand	la condizione, lo stato 13
in gutem Z.	in buone condizioni, in buono stato 13
zu viel	troppo / i, troppa / e
zwar	certamente, certo 20
(und zwar)	(e precisamente)
Zweifel	il dubbio 22
zweifellos	indubbiamente, senza dubbio
Zweigstelle	la filiale, la succursale 24

Der Weg nach oben beginnt auf Seite eins.

Mit Lehrbüchern von ■ FELDHAUS

AEVO-Prüfung
- Handlungsfeld Ausbildung
- Die Ausbilder-Eignung
- Prüfungs-Check Ausbildereignung
- Der Berufsausbilder

Fachwissen und Praxis der Ausbilder
- Der Aus- und Weiterbildungspädagoge
- Auszubildende richtig auswählen
- Auszubildende objektiv beurteilen
- Wege zur inklusiven Berufsbildung
- Der Ausbilder vor Ort
- Das Ausbilder-Lexikon

Gastgewerbe
- Ausbildungsprogramm Gastgewerbe
- Französisch im Gastgewerbe

Außenhandel/Seeschifffahrt
- Verkehrslehre des Außenhandels
- Der Ausbilder an Bord

Tourismuskaufleute
- Stadt, Land, Fluss – Allgemeine Topografie

Büroberufe
- Office-Management und Assistenz

Planung und Durchführung der Berufsausbildung
- Ausbildungsnachweise für alle Berufe
- Grundwissen-Test für Auszubildende
- Ausbildungsordnungen und -rahmenpläne

Personal/Mitarbeiter
- Personalfachkauffrau/Personalfachkaufmann
- Schwierige Mitarbeitergespräche
- Edition Windmühle (über 100 Titel): www.edition-windmuehle.de

Beruf und Weiterbildung
- Der Aus- und Weiterbildungspädagoge
- Personalfachkauffrau/Personalfachkaufmann
- Der Industriemeister
- Der Technische Betriebswirt
- Der Wirtschaftsfachwirt
- Wirtschaftsbezogene Qualifikationen für alle Fachwirte
- Bilanzbuchhalter/in
- Der Handwerksmeister
- Office-Management und Assistenz
- Fachkraft zur Arbeits- und Berufsförderung
- Ratgeber Fernstudium
- Ratgeber Dozent werden
- Wirtschaftsmathematik und Statistik
- Mathematik und Statistik
- Physik und Chemie
- Grundwissen Qualitätsmanagement

Fremdsprachen
- Handelskorrespondenzen für Französisch, Spanisch, Italienisch, Englisch, Japanisch
- Umgangssprache Spanisch, Japanisch

Inklusion und Integration
- Fachkraft zur Arbeits- und Berufsförderung
- Wege zur inklusiven Berufsbildung
- Edition Hamburger Buchwerkstatt (19 Titel): www.hamburger-buchwerkstatt.de

Personal/Moderation/Coaching
- Edition Windmühle (über 100 Titel): www.edition-windmuehle.de

Sport und Sportwissenschaft
- Edition Czwalina (über 300 Titel): www.edition-czwalina.de

FELDHAUS VERLAG
22122 Hamburg
www.feldhaus-verlag.de

Telefon 040 679430-0
Fax 040 67943030
post@feldhaus-verlag.de

Facebook 

Twitter 

Shop